l'ABC'père

Direction de la publication : Isabelle Jeuge-Maynart et Ghislaine Stora
Direction éditoriale : Élodie Bourdon
Édition : Mélissa Lagrange
Conception de la couverture et de la maquette intérieure : Claire Simonet
Illustration de couverture : Yannick Vicente
Mise en pages : Nord Compo
Préparation de copie : Isabelle Chave
Relecture sur épreuves : David Lerozier
Fabrication : Donia Faiz / Marina Dartigues Plum

Les Éditions Larousse utilisent des papiers composés de fibres naturelles, renouvelables, recyclables et fabriquées à partir de bois issus de forêts qui adoptent un système d'aménagement durable. En outre, les Éditions Larousse attendent de leurs fournisseurs de papier qu'ils s'inscrivent dans une démarche de certification environnementale reconnue.

ISBN : 978-2-03-602863-0

ALEXANDRE MARCEL & YANNICK VICENTE

l'ABC'père

100 MOTS pour les 100 PREMIERS JOURS
de ta vie de jeune papa

LAROUSSE

À mes enfants, Ambre et Swann.
Mon Pouchat, Marianne, qui me soutient dans toutes mes aventures.
Mes parents qui ont fait de moi le papa que je suis aujourd'hui.
Et Yannick, Élodie et Mélissa qui ont rendu
cette chouette aventure possible !

Alexandre

À mes enfants, Anaé et Mathis.
À mon père, pour le combat qu'il mène
et pour avoir fait de moi le père que je suis.
À Alexandre, Mélissa, Élodie et les éditions Larousse pour leur confiance.
Cœur avec les doigts.

Yannick

Introduction

Devenir papa, c'est un bouleversement.
Un chamboulement.
Un chavirement.
Beaucoup de choses en « ment ».

Soudain, tout change. Dans tes placards, les packs de lait remplacent les packs de bière, faire un ciné requiert une orga' digne d'une mission spatiale, et tu t'étonnes chaque nuit de l'expression « dormir comme un bébé ».

C'est beau, c'est fort, c'est dur.

Avec Yannick, nous avons souhaité illustrer (en dessins et en mots) ce moment si riche en découvertes et en aventures avec 100 définitions.

100 définitions pour les 100 premiers jours de ta vie de papa.

100 définitions pour décoder ce nouveau monde qui t'entoure.

100 définitions pour rire, pleurer… et même apprendre des trucs, si, si tu verras.

Parce que, finalement, si chaque naissance est unique, on est souvent tous dans le même bateau. Celui des couches à changer au milieu de la night, des larmes en peau-à-peau, des machines à faire tourner, encore et encore. Le bateau de la paternité… de la parentalité, même, car en réalité ce livre s'adresse (presque) autant aux papas qu'aux mamans.

Nous avons pensé son format en cohérence avec le nouveau format de ta vie. Une page = un mot (parfois deux, mais on ne va pas chipoter). Sorte de snack littéraire à grignoter au fil de ta journée, entre deux bibis ou deux tétées, pour te changer les idées. Ou bien à dévorer d'une traite aux toilettes, ultime refuge du jeune parent en quête de tranquillité.

On espère qu'il te plaira, en tout cas on y a mis tout notre cœur !

Bonne lecture,

Alexandre & Yannick

A

Accouchement
Synonyme : tsunami.

Tsunami d'émotions qui t'arrache au monde réel
et te propulse dans une autre dimension.

Tu y as pensé pendant neuf mois, et maintenant tu y es. Au cœur de l'instant, cet instant où tout bascule, tout chavire, tout éclate. Son ventre bouge, s'apprête à libérer la vie, et ton ventre à toi bouge aussi, gargouille, se tord, rongé de stress et d'amour. Et si quelque chose arrivait ? Si Bébé était mal positionné ou qu'il avait un problème ? Tu t'es renseigné sur Google : un accouchement peut durer plusieurs heures.

Ce n'est pas un marathon, c'est un ultratrail.

Sur des routes escarpées en bord de falaise.

Soudain, tout s'emballe. Tu lui tiens la main, la regardes, l'encourages. Tu te sens inutile et, en même temps, ta présence est indispensable. Tu la trouves belle, lumineuse, puissante. Dans ta vie, tu n'as jamais rien vu d'aussi extraordinaire. « Allez, poussez ! dit la sage-femme. C'est super, c'est vraiment super ce que vous faites ! » Tu t'accroches à ses mots. Sa voix est une corde qui empêche le tsunami de t'emporter.

Une forme, un cri, des larmes : ton bébé est né. Et toi aussi tu es né, quelque chose en toi est né, le sentiment foudroyant d'une responsabilité et d'un amour gigantesques, effrayants et enivrants à la fois.

Le tsunami t'a déposé sur un nouveau rivage, doux comme une peau de pêche. Tu regardes ton enfant et tu n'y crois pas. Pourtant, c'est la vérité : tu es devenu papa.

ET DONC LÀ, ON VIENT DE VIVRE UN ACCOUCHEMENT CLASSIQUE ?!
MOUAIS… SI J'AVAIS SU JE N'AURAIS PAS MIS MON T-SHIRT TOUT NEUF. FRANCHEMENT, JE NE VAIS METTRE QU'UNE ÉTOILE SUR TRIPADVISOR !
illustration : @Y.dessin

Accroche-tétine

Accessoire qui peut paraître superficiel au départ, sorte de gadget sur lequel on fait graver le prénom de son bébé, mais qui s'avère rapidement **indispensable pour ne pas claquer son PEL en tétines**.

Aide

N'hésite jamais à en demander. Il n'y a aucune honte à se sentir épuisé, dépassé, au bout du rouleau. Prendre son téléphone pour appeler un(e) ami(e) ou un membre de la famille n'est pas un aveu de faiblesse. Au contraire, cela demande du courage de reconnaître et d'accepter ses limites. Parfois, il suffit de peu : un resto en amoureux, un match de foot avec ses potes, un footing dans le parc à côté. Quelques heures à soi pour recharger les batteries et s'aérer l'esprit. Dans l'avion, quand les hôtesses et stewards annoncent les consignes de sécurité, c'est : « Mettez d'abord votre masque à oxygène, puis aidez vos enfants à mettre le leur. » En effet, difficile de s'occuper des autres quand on peine soi-même à respirer ! Idée : dans ta liste de cadeaux de naissance, inclus des heures de ménage ou de baby-sittings. Souvent bien plus salvatrices qu'un énième bavoir.

Allaitement

Mauvaise excuse pour dormir la nuit pendant que Maman nourrit Bébé.

Non, tu ne sers pas à rien ! Stimule ton bébé, caresse-le, fais-lui sentir ta présence ! Demande à ta chérie si elle est bien installée ou si elle a besoin de quelque chose. Fais, agis, ne sois pas passif. En journée, profites-en pour faire tourner une machine ou préparer à dîner. Tu n'es pas une pièce rapportée, mais une pièce centrale de votre maison-famille. Ce n'est pas toujours simple, car le lien entre une maman qui allaite et son bébé est puissant, et on peut facilement se sentir mis de côté. À toi, par ton investissement et ta créativité, de prendre ta place !

Aménorrhées (semaines)

SA dans le jargon des futurs parents. Cela signifie que l'on fait commencer la grossesse le premier jour des dernières règles précédant la fécondation. Tu me suis ? Contrairement au calcul en « semaines de grossesse » (SG), qui fait, lui, commencer la grossesse à partir du jour présumé de l'ovulation. En formule mathématique, ça donnerait quelque chose comme ça :

$$\textbf{SA} = (1^{\text{er}}\ \textbf{jour des règles} + \textbf{SG} \times \pi) - (\textbf{spermatozoïde}) + \cos(\textbf{année bissextile})/\sin(\textbf{ovulation} + \textbf{SG}) - \Sigma(\infty+2) + \int(14^{\text{e}}\ \textbf{jour du cycle menstruel})/\Delta(\textbf{SOS}).$$

Ou, pour faire plus simple : **SA = SG + 2 semaines. CQFD.**

Amour

Par amour, tu te lèves trois fois par nuit alors qu'avant tu pouvais dormir douze heures d'affilée.
Par amour, tu déclines une soirée foot-pizzas entre potes car tu préfères donner le bain à ton bébé – avec qui tu discuteras tactique et compo.
Par amour, tu décroches ton téléphone en pleine réu avec le COMEX. C'est la crèche, Bébé a 40 de fièvre : « Désolé, je dois filer ! »
Par amour, tu te fais pisser dessus sans broncher. Et même, ça te fait rire.
Par amour, tu es capable de marcher 20 kilomètres sous la pluie pour trouver un pack de lait en poudre.
Par amour, tu sacrifies tes doigts quand il fait ses dents. #minidentsderequin
Par amour, tu peux répéter cent fois la même grimace, juste pour entendre son rire.

« L'amour d'un père est plus haut que la montagne », dit un proverbe japonais.

Tu confirmes. Surtout quand il faut la grimper avec ton aînée sur les épaules, Minus en porte-bébé, la poussette dans une main et le sac à langer dans l'autre.

#MULE

Arrache (à l')

À l'arrache, comme un parfait résumé de ta vie en ce moment.

À l'arrache le matin, quand il est 8 heures et que personne n'est habillé, et qu'il faut que vous décolliez à 8 h 15 si tu ne veux pas être en retard à ta réu avec le big boss.

À l'arrache sur le chemin de l'école, de la crèche, quand vous courez avec vos manteaux ouverts, vos bonnets qui tombent, et puis les portes qui se ferment derrière vous, ouf !

À l'arrache en journée, quand les mails s'empilent dans leur boîte, leur sarcophage plutôt, 2 400 mails non lus, des momies – momails ? Même tes blagues sont à l'arrache.

À l'arrache le soir, surtout le soir, dans le tunnel 18-20 (21, 22, 23 parfois, ces choses-là n'ont pas de limite), avec les éclats de rire et de purée, le bain qui finit en Aquaparc, l'effort surhumain pour faire rentrer tout cela dans une routine, et quand le silence tombe enfin, la sensation de s'être fait renverser par un troupeau de buffles.

Et puis à l'arrache la nuit, quand tu traverses le salon comme un zombie, que tu prépares le biberon à l'aveugle, que tu le donnes toujours à l'aveugle, reversant la moitié du lait sur sa turbulette mais, tant pis, personne ne le saura à part lui et toi.

À l'arrache, oui.

Mais présent.

Attachement (théorie, figures, liens…)

La théorie de l'attachement a été formalisée par John Bowlby à la fin des années 1950. Celle-ci pose que, pour bien se développer, tout enfant naît avec le besoin essentiel de créer un lien privilégié avec *au moins* une personne qui prendra soin de lui de manière cohérente et durable. Évidemment, un enfant peut avoir plusieurs figures d'attachement (principales ou secondaires). Ces dernières, en répondant de manière constante et appropriée à ses besoins, constituent sa base de sécurité affective.

« C'est bien beau, mais moi, parfois, j'ai juste envie de me barrer à l'autre bout du monde sans me retourner ! », tu vas peut-être me répondre. Eh oui, ce n'est pas toujours simple de « répondre de manière constante et appropriée » aux besoins de son bébé ! Parfois, il hurle sans qu'on sache pourquoi et on se sent dépassé, nul, en colère. Et tout ce qu'on a envie de faire, en effet, c'est de « se barrer à l'autre bout du monde sans se retourner ». En quête de notre lointaine et innocente jeunesse, peut-être ?

Il ne faut pas culpabiliser. Tous les parents du monde ont ce genre de pensées un jour ou l'autre. Il n'existe pas de « guide de la figure d'attachement parfaite ». Et d'ailleurs, même s'il y en avait un, personne ne pourrait le suivre à la lettre. Être une figure d'attachement sécurisante, ce n'est pas bondir hors de son lit dès que Bébé émet un petit son. C'est comprendre, au fond de soi, le cadeau qu'on lui fait en étant présents, attentifs et empathiques ; c'est comprendre que la confiance qu'on lui inspire, inaltérable et enracinée, est la plus précieuse des nourritures pour aider son intériorité à grandir.

Aventure

Avant, l'aventure, c'était partir en *backpack* au bout du monde, se lever à 4 heures du matin pour grimper le Kilimandjaro, nager avec les baleines en plein océan Pacifique, manger des mygales au barbeuc et dormir à la belle étoile au cœur de la jungle.

Maintenant, c'est prendre le métro avec la poussette, aller au resto (en amoureux ou avec les kids), faire les courses, se doucher sans être dérangé, dormir, être à l'heure, changer une couche au milieu de la nuit, bref,

quand on est parent, « Koh-Lanta », c'est tous les jours !

illustration : @Y.dessin

B

Bavoir

Tu lui donnes des pâtes et, à la fin du repas, tu trouves des morceaux de brioche, haricots, tomates, saucisson, fromage, épinards, gâteaux, persil, pommes de terre et saumon dans le récupérateur. Mais pas de pâtes. Mystère... et boules de gommes (tu en as retrouvé aussi) !

Biberon

Sauf si ta chérie allaite, LE truc à ne pas oublier quand tu pars en vadrouille avec Bébé (avec le lait bien sûr). Tu peux oublier ton téléphone, tes clés, ton pantalon (bon peut-être pas ton pantalon), mais le biberon, *NEVER* ! Au risque de voir ton séjour ou ta balade virer au cauchemar. **Avant,** tu faisais des pauses pipi, **maintenant** tu fais des pauses... bibi ! Tu es capable de le préparer n'importe où, dans n'importe quelle circonstance : dans le métro, épousant les oscillations du wagon pour ne pas en renverser partout, dans la rue, le sortant de ta banane tel Lucky Luke dégainant son revolver, en pleine nuit, paupières collées et dans le noir, à une main car dans l'autre il y a un humain qui hurle.

Tu ne peux pas mettre sur « pause » un bébé qui a faim.

Tous les parents en rêvent, de cette option, mais elle n'existe pas. Alors il faut se dépêcher, faire chauffer l'eau (ou pas), mettre la poudre (#manuchao), secouer (de manière à ne pas boucher la tétine). Comme Zizou dans la pub qu'on connaît tous : toujours les mêmes gestes, matin, midi et soir, avec la précision d'un Ballon d'or du biberon.

Body

Naissance, 1 mois, 3 mois, 6 mois, 9 mois… tellement de bodies sont passés dans tes mains. Certains à enfiler par la tête (tips : le col est extensible, tu peux les retirer par le bas), d'autres à ouverture pression par-devant, d'autres encore qui ont toujours fait trébucher ton intelligence et ta patience – trop de boutons, de manches, de bouts de tissus semblant n'avoir aucune utilité sinon celle de te rendre fou.

Sur le lot, tous n'ont pas le même destin. Tandis que certains vont résister au temps, se transmettant avec fierté de génération en génération (je pense à ce Petit Bateau bleu clair increvable, que ta grand-mère mettait déjà à ta mère), d'autres voient leur destin basculer soudainement, ravagés par un éclat de compote fruits rouges ou la souillure jaune moutarde d'un caca explosif.

Dans ta boîte à souvenirs, il y a le bracelet de maternité de ton bébé, son bonnet de naissance qui ressemble aujourd'hui à une vieille chaussette… et sans doute le premier body que tu lui as mis, après l'avoir pesé. Couvrir sa peau, c'était métaphoriquement le couvrir de ton attention et de ton amour ; par ce geste, tu l'accueillais dans la communauté des Hommes. Lorsque tu retombes dessus, des mois ou des années plus tard, tu hallucines de la taille. « C'est dingue de se dire qu'il rentrait là-dedans ! » tu penses, comme tous les parents qui ne voient pas le temps passer.

Boobs

Tes potes et toi avez trouvé votre mentor. Et ce n'est pas le grand hockeyeur blond qui faisait des ravages en soirées étudiantes. Ni la star de basket locale, dont les épaules bodybuildées culminent à 2 mètres. Ni encore le serveur de votre bar favori, dont la gouaille et les yeux verts vous ont pourtant damé plus d'une fois le pion.

Non, votre vrai mentor, celui qui, d'un cri, d'une larme, d'un regard, a le pouvoir d'ouvrir un décolleté, mesure 51 centimètres et pèse 3,6 kg.

#RESPECT

Brosse à cheveux

Accessoire qu'on te fait acheter pour la maternité
alors que la moitié des bébés naissent chauves
ou avec trois poils sur le caillou.

#LOBBYING

Bruits

Avant, quand tu allais chez des amis qui avaient des enfants, tu entendais tout. Les cris, les pleurs, la fanfare des pianos multicolores et des doudous-DJ, le fracas des balles en bois jetées sur le parquet, le grincement des roues du trotteur, au bout de dix minutes, tu n'en pouvais déjà plus et tu regardais les parents qui, eux, semblaient ne rien entendre, et tu te demandais comment un tel sortilège était possible. Tu sortais de chez eux avec une migraine de l'enfer, te promettant que chez toi il n'y aurait jamais de pianos multicolores, de doudous-DJ et de trotteurs avec les roues qui grincent. Aujourd'hui, tu es parent, et chez toi tu as un piano multicolore, des doudous-DJ et un trotteur avec les roues qui grincent, et ton oreille s'est habituée à tous ces bruits, de même que tes yeux se sont habitués à voir dans le noir et que ton nez est capable de discerner l'odeur d'une couche sale des kilomètres à la ronde.

D'ailleurs, depuis que tu es parent, ce n'est pas le bruit qui t'étonne, t'inquiète, te fait lever suspicieusement l'oreille… c'est le silence !

Mot lié : ***silence***

Café

« Couleur, café, que j'aime ta couleur café… »

Oh oui, comme on l'aime la couleur du café quand on est parents ! Plus que sa couleur, d'ailleurs, ce qu'on aime, c'est son goût, sa chaleur, son effet quasi dopant sur nos organismes épuisés. Qu'il soit noir, noisette, *ristretto*, crème, *latte*, *macchiato* ou *cortado*, ce qui compte, c'est cet instant magique où la tasse touche nos lèvres et où sa familiarité réconfortante enveloppe nos sens.

Café de l'aube, bien noir après une nuit blanche.
Bébé dans les bras, parfois, qui fait un geste brusque
et envoie le liquide brûlant sur ta chemise bleu clair.

Café du matin avec les collègues,
débrief de la nuit, mise en route de la machine.

Café de 14 heures pour ne pas sombrer.

Café de 16 heures pour se préparer au tunnel 18-20.

Café de minuit, oui il existe,
quand il faut aller aux urgences
car Bébé a 40 de fièvre.

Parfois, le samedi, on fait son café à 8 heures et,
pris dans un enchaînement incontrôlable d'événements,
on le boit à 11.

C'est ça aussi être parents :
s'habituer à boire son café froid.

Cernes

THE accessoire quand tu es jeune parent.

Bleutés, indigo, voire carrément noirs,
ils se conjuguent au féminin comme au masculin – même si on dit « un » cerne et que ça sonne mal ! Il y a les cernes du matin, épais et tendres comme l'oreiller que tu as quitté à contrecœur. Les cernes du milieu de journée, que tu tentes de cacher, peut-être, derrière du fond de teint ou des lunettes, ou bien que tu assumes carrément comme tu assumais tes cernes de lendemain de soirée dans ta jeunesse car ça faisait « cool ». Et puis il y a les cernes du soir, après la douche, quand tu te regardes dans le miroir et que tu constates les dégâts.

« Cernes », en anglais, ça se dit _dark circles_ (« cercles noirs » pour les non-bilingues). Référence ironique aux nuits blanches qui les causent ?

Chaise haute

Tour de guet de Bébé lui permettant, au moment du repas, de lancer ses projectiles.

illustration : @Y.dessin

Charge mentale

Penser à prendre les rendez-vous chez le pédiatre.

Penser à acheter les couches.

Penser aux menus de la semaine.

Penser à payer les factures.

Penser à trouver un moyen de garde.

Penser à réserver les vacances.

Penser aux affaires de change quand vous partez en balade.

Penser à signer le carnet de correspondance.

Penser à sortir les poubelles.

Penser à laver et plier le linge.

Papa qui me lit, petit jeu pour toi : devant chacune de ces dix propositions, note « 1 » si tu y penses tout seul ou « 0 » si tu laisses la charge mentale à ta chérie.

Ensuite, additionne tes points : alors, tu as la moyenne ?

illustration : @Y.dessin

Chaussette

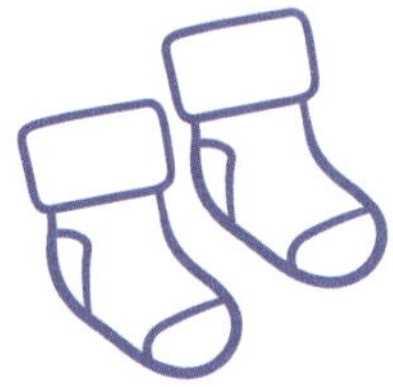

Trouvée ce midi dans ta poche, une chaussette renard taille 19-21. Seule, comme tant d'autres chaussettes ayant perdu leur jumelle dans le grand tambour de la vie.

Tu penses à elles, parfois, âmes désœuvrées qui remplissent tout un panier dans ta chambre ou ta salle de bains.

Tu aimerais leur dire que ça va aller. Qu'elles vont retrouver leur âme sœur et, par là même, leur raison de vivre (être portées par des petits pieds qui puent et qui gambadent !). Mais tu n'as pas la force de leur mentir. Car la vérité, c'est que tu n'as pas de réponse. Cela fait partie des mystères de l'univers, des grandes questions que se pose l'Homme depuis qu'il est chaussé :

– Pourquoi y a-t-il quelque chose plutôt que rien ?
– Y a-t-il une vie après la mort ?
– Que deviennent les chaussettes qui disparaissent ?

Peut-être cette chaussette renard sera-t-elle chanceuse ? Peut-être sa sœur l'attend-elle quelque part, dans l'obscurité molletonnée d'une jambe de pantalon ou dans les profondeurs duveteuses de la chancelière ? Mais les autres ? Toutes celles qui croupissent dans le silence et la solitude, en attendant un improbable miracle ?

Ayons une pensée pour elles.

Pour cette petite chaussette rose à pois jaunes, qui cavalait autrefois de par le monde. Pour cette socquette au liseré dentelle, qui aimait tant être mordue, piétinée, mâchouillée. Pour toutes ces guerrières déchues qui méritent mieux que notre indifférence.

#CRAQUAGE

Chaussures

Oui, ça coûte cher.
Oui, parfois tu commandes une pointure et, le temps qu'elles arrivent, Bébé est déjà passé à la taille au-dessus.
Oui, trois sorties au parc suffisent à les ravager.
Oui, tu meurs d'envie de lui acheter cette paire de baskets absolument pas physiologiques, simplement parce qu'elles sont belles et que tu as les mêmes.

#MATCHYMATCHY

Mais s'il y a bien UN élément dans son dressing auquel il faut prêter attention, c'est celui-ci. Ton enfant n'a pas besoin de belles chaussures, il a besoin de BONNES chaussures. C'est-à-dire des chaussures légères, aux semelles extérieures souples, qui vont permettre aux orteils de se plier, de s'écarter, de s'agripper en toute liberté. Les chaussures ne doivent pas contraindre le pied, mais l'accompagner harmonieusement dans ses mouvements.

Chemins

Ceux que tu prends, tous les jours, pour aller à crèche, au boulot, à l'école. Bébé dans la poussette, sur tes épaules, à trottinette, tous ces chemins qui vous ont vu passer et grandir, toi en tant que papa, lui qui prend des centimètres et de la confiance, telles deux ombres changeantes éclairées par la lumière du Soleil ou de la Lune. Quand on est parent, ce sont aussi les chemins de l'imprévu, une tête cognée dans un panneau de signalisation (vécu), un détour pour aller acheter du lait (vécu), un arrêt à une station-service pour changer Bébé qui hurle (vécu). C'est ce chemin de terre sur lequel cahotent les roues de ton vélo, avec ta fille qui rit aux éclats dans son siège enfant. Ce chemin de boue et de flaques dans lesquelles ton fils saute à pieds joints, dégueulassant son joli manteau beige, mais peu importe au final, tant qu'il s'amuse. C'est le chemin de l'éducation bienveillante, peut-être, tellement pentu. Parfois, on se trompe, on tourne à gauche au lieu de tourner à droite et on se perd.

Être parent, c'est se perdre, se chercher, et trouver dans le virage d'une boucle de cheveu ou d'un cil humide la réponse à toutes ses questions.

Collostrum

Premier lait que produit la maman lorsqu'elle démarre son allaitement. Entre autres, il contient : des anticorps, des sels minéraux, des protéines, des antioxydants, des facteurs de croissance ou encore des vitamines, des minéraux et des acides aminés.

Bref, à côté, la potion magique d'Astérix, c'est du pipi de chat.

Comptines

Avant, le matin, dans ta voiture,
tu t'égosillais sur J.-J. Goldman et Céline Dion.

Aujourd'hui,
c'est sur « Une souris verte » et « Petit escargot ».
Impossible d'y échapper. Lentement mais sûrement,
leurs mélodies obsédantes viennent phagocyter
ta bibliothèque Spotify et squatter tes favoris YouTube.
Certaines sont plus vicieuses que d'autres.
Par exemple, celle des éléphants sur leur toile-toile-toile
d'araignée, qui peut se prolonger à l'infini.

Record à battre : cent soixante-treize pachydermes remuant le *booty* sur leur toile-toile-toile d'araignée, chantés par un père (moi) pendant que sa femme conduisait sur l'autoroute.

illustration : @Y.dessin

Congé paternité

28 jours, depuis le 1er juillet 2021.

Papa, prends ton congé.

Prends-le pour toi, pour passer du temps avec ta fille, ton fils, la mère de tes enfants qui t'a fait ce cadeau, le plus extraordinaire de tout l'univers.

Prends-le pour avoir le temps, le temps d'apprendre, de comprendre, d'enfiler ton nouveau costume sans le déchirer.

Prends-le pour ton bébé qui a besoin de toi, à cet âge c'est une éponge, il se nourrit de tes regards, de tes mots, de ta présence, crée avec lui les liens d'attachement qui, plus tard, l'arrimeront à son histoire et le protégeront des tempêtes.

Prends-le pour ta chérie, elle a besoin de toi aussi, ce n'est pas à elle de tout assumer, les machines, les couches, les repas, fais ta part, assume, aide-la à se reposer, tu étais sûrement présent à l'accouchement et tu as vu, ne joue pas les aveugles.

Ce nouveau « congé » (désolé, je n'aime pas ce terme), c'est un droit qui t'est offert. Ce devrait être un devoir. Pas toujours simple, je sais. Mais les excuses : « J'ai trop de boulot » ou « De toute façon, un nourrisson ça dort, non ? » me brûlent les oreilles.

Environ 70 % des tâches domestiques et familiales sont encore occupées par les femmes. À la suite de la naissance d'un enfant, une femme sur deux modifie son activité professionnelle, contre seulement un père sur neuf. Les inégalités de salaires, qui atteignent 11 % chez les parents âgés de 25 ans, grimpent à 25 % quand les parents en ont 45. Je continue ? Les chiffres sont là, criants, criants d'une société encore fracturée par les inégalités et marquée par les vieilles valeurs du patriarcat : la mère à la maison, le père au boulot.

Alors, prends ton congé. Aide la société à avancer, donne l'exemple, inspire, sois l'étendard de cette paternité moderne et décomplexée qui s'assume. Ne joue pas les machos, les lourds, les inconséquents. Ne trouve pas de fausses excuses. Lis, écoute, documente-toi. Aspire à pleins poumons le parfum de cette nouvelle vie, ne te bouche pas le nez en tournant la tête. Sauf quand tu changes les couches, là tu as le droit. Changer les couches, c'est déjà un petit peu changer le monde. Mais pour ça, il faut du temps.

Alors, prends ton congé.

QUI A DÉCIDÉ QU'ON DEVAIT APPELER LE « CONGÉ PARENTAL » UN CONGÉ...
ET CET ABRUTI DE LA COMPTA QUI M'A DIT « BONNES VACANCES... »
04:07 AM
SWEET DREAM
illustration : @Y.dessin

Conseils

Parfois, tu en as besoin.
D'autres fois, non.

Parfois, tu les demandes.
D'autres fois, non.

Parfois, ils sont utiles.
D'autres fois, non.

« Tu sais, de mon temps... »

« J'ai lu que... »

« Tu devrais... »

« Si j'étais toi... »

Pas toujours simple de trier le bon grain de l'ivraie.

Nous, il n'y a qu'un seul conseil
qu'on se permettra de te donner :

**fais-toi confiance, tu as tout en toi
pour devenir un super papa !**

Et si tu veux un petit florilège de conseils (non voulus)
reçus par les parents, tu peux faire un tour sur le compte
Instagram d'Ophélie Bourgeois : @gardetesconseils !
Ça te permettra de relativiser (ou pas).

À MON ÉPOQUE, ON SE PRENAIT DES TARTES À CHAQUE FOIS QU'ON FAISAIT UNE BÊTISE ET ON EN EST JAMAIS MORT !
OUAIS, MAIS DEPUIS LES DINOSAURES SONT MORTS, EUX...
HEIN ?
NON, JE DISAIS EN PARLANT DE BÊTISES... UNE PETITE TARTE, MÉMÉ ?
illustration : @Y.dessin

Contractions

Contractions sur ta main, elle serre ta main, très fort, tu as mal, mais tellement moins qu'elle alors tu ne dis rien, surtout ne rien dire, souffrir en silence. À la maison, tu as mis le chronomètre. *Régulières et douloureuses de 60 secondes toutes les 5 minutes ou moins pendant 1 heure*. C'était le signal. À chaque contraction, son visage grimace, et ton visage grimace aussi. Tu as envie de prendre sa douleur, comme dans la chanson de Camille : « Laisse-moi te remplacer. Je vais prendre ta douleur… » mais tu sais aussi que tu es une chochotte à côté d'elle et que, si vraiment tu la remplaçais, tu t'évanouirais instantanément.

La voyant pousser, et souffler, et serrer des dents, et voyant son ventre prendre des formes improbables, tu ne peux t'empêcher de penser à cette vieille expression, certainement inventée par des hommes qui, eux, n'ont jamais assisté à un accouchement : « sexe faible ».

Pas « sexe faible », non. Sexe fort. Incroyablement fort.

Cordon ombilical

« Couper le cordon. »

Ce que tu as fait, peut-être, à la maternité. Le coup de ciseau le plus important de ta vie. Pendant neuf mois, Bébé a été oxygéné et nourri grâce à ce cordon et, désormais, il est là, dans le grand monde, avec vous. Et tu vas le nourrir, à ton tour. Peut-être pas de lait, si ta chérie allaite, mais d'amour, de regards, d'attention. Ce cordon qui est coupé (et qui devient un truc noir bizarre et puis un nombril sur lequel tu vas souffler pour le faire rire), c'est l'occasion pour toi de prendre ta place. Et peut-être aussi de couper, métaphoriquement, celui avec ta mère qui continue de payer ton abonnement téléphonique à 35 piges (Maman, si tu me lis…).

Cortex préfrontal

Pour te coucher moins bête ce soir.

Le cortex préfrontal est le centre exécutif du cerveau. C'est un rouage essentiel dans la mise en œuvre de nombreuses fonctions telles que la mémoire, le langage ou encore (ce qui nous intéresse ici) le contrôle des émotions. On estime qu'il ne devient mature qu'à l'âge de 25 ans. Autant dire que chez un enfant de 2 ou 3 ans, il est très, très, très immature ! D'où ses crises de larmes et de colère, ses éclats de joie retentissants, toutes ces tempêtes émotionnelles que nous devons l'aider à traverser. Pas simple quand on est soi-même à bout et épuisé(e), mais plus nous offrons à nos enfants écoute et sécurité affective, plus nous contribuons au bon développement de leur cortex préfrontal.

Si ces sujets t'intéressent, je ne peux que te conseiller la lecture du formidable livre de Catherine Gueguen : *Pour une enfance heureuse*[1]. Pour tout connaître sur le cerveau de l'enfant et adapter tes réactions en fonction 😉.

Costume

Celui que tu mets pour aller au boulot, peut-être, le matin. Bébé a vomi sur le col, tu essuies avec une lingette. Il y a une trace, mais tu n'as pas le temps, tu es déjà en retard, et puis ton autre costume est au pressing. « Tant pis, tu penses, ça fait partie de ton costume de papa. » Costume de lait, de pisse, d'amour. Costume que tu as commencé à coudre le jour où ta chérie t'a annoncé qu'elle était enceinte et puis que tu as enfilé brusquement, au son d'un cri qui résonnera pour toujours dans tes entrailles.

Voilà, tu es papa, et ce costume-là (contrairement à ton deux-pièces Zara que tu t'empresses de retirer sitôt le seuil de ta maison franchi), tu ne le quitteras jamais.

Il s'est imprimé en toi lors de ton premier peau-à-peau avec Bébé tel un tatouage indélébile. Peu importent les années, les distances, les aléas de la vie, toujours il y aura sous tes habits de civil cette cape magique que tu peux enfiler à tout instant, car désormais, avant d'être contrôleur de gestion, plombier ou joueur de foot au potentiel inexploité, tu es PAPA. Un grand pouvoir qui implique de grandes responsabilités 😉.

---

1. Pocket, 2015.

Coucher (rituel du)

Avant, ton rituel était simple :
mettre ton pyjama et aller au lit.

Aujourd'hui, c'est un processus digne d'un lancement de fusée dans l'espace : dîner, bain, histoire, bisous dans les cheveux ou sur le nez, porte un peu fermée mais pas trop…

… Il ne faut pas se louper pour envoyer ton enfant au pays des rêves.

Et tu n'as PAS ENVIE de te louper.
Tu as envie que ton enfant s'endorme, à tout prix, pour avoir ta soirée Netflix tranquille.

Attention, il peut toujours arriver des incidents en cours de nuit : collision avec un vilain cauchemar, fuite du réservoir, confusion dans l'espace-temps de son lit nécessitant d'appeler la base. Mais, au moins, tu l'auras mis en orbite pour quelques heures. (Ou pas.)

illustration : @Y.dessin

Couches

Partout, tout le temps. Tu as des couches dans le fond de ton sac à dos, dans les meubles de ta cuisine, de ta salle de bains, au grenier ou à la cave, parfois, tu en retrouves même pliées en deux dans les poches de ton manteau. Toutes les semaines, tu t'en fais livrer, pour être sûr de ne JAMAIS être en rade. Lorsque vous partez en balade, c'est la première chose à laquelle tu penses : « Tu as pris des couches ? Des lingettes ? » Ce sont des odeurs, des souvenirs, des fous rires. Ce caca de dents qui a débordé, par exemple, avec sa pestilence jaunâtre qui se répand, collée au dos et au body de Bébé. Pour savoir qui s'en occupe, vous tirez au sort. Les couches sont aussi des symboles. Des marqueurs du temps qui passe et de la vie qui s'épanouit : taille 1, taille 2, taille 3… elles grandissent avec ton bébé, et quand il/elle arrête d'en mettre, ça te fait comme un petit pincement au cœur. Le jour de ses 3 ans, ma fille m'a dit : « Je suis une grande fille, Papa, cette nuit je dors sans couche. » J'ai eu envie de chialer. J'étais fier. Et un peu nostalgique, déjà.

Couple

Quelque part dans le monde, au cœur de la nuit :

« C'est ton tour.
– T'es sûre ?
– Je me suis déjà levée trois fois.
– Pourquoi elle pleure encore ?
– Elle a peut-être fait caca… Qu'est-ce que j'en sais moi ?
– Je travaille demain.
– Je peux plus, il faut que je dorme. Juste un peu.
– OK, j'y vais… »

C

Devenir parents, c'est mettre son couple à l'épreuve. L'épreuve des nuits pourries, des dents qui poussent, des soirées qui partent à vau-l'eau. Parfois, ça tremble. Entre vous, au milieu de votre lit, de vos vies, trois ou quatre kilos qui vous font douter, pleurer, hurler. C'est « Koh-Lanta », sans les Conseils pour décider qui reste ou qui part, vous êtes coincés tous les deux sur votre îlot avec ce petit poisson dont il faut vous occuper, et c'est tous les jours l'orientation pour trouver les tétines, tous les jours les poteaux, debout pendant des heures pour endormir Bébé, tous les jours le parcours du combattant pour traverser le salon jonché de jouets sans se casser une jambe. Et quand vous gagnez enfin un jeu de confort, genre Papy Mamie qui viennent garder Minus, votre seul et unique sujet de conversation au restaurant (six mois que vous n'avez pas été en tête à tête !), c'est votre petit poisson que vous avez hâte de retrouver. Oui, le jeune parent est une créature foncièrement paradoxale.

illustration : @Y.dessin

Crèche

À côté, le *numerus clausus* de Polytechnique, c'est de la rigolade. Dans celle à côté de chez toi, c'est 20 places pour 63 000 demandes (non, tu n'es pas marseillais). Dans l'espoir d'obtenir une place pour ton enfant, **tous les coups sont permis.**

Sitting devant la mairie, courrier au secrétaire d'État (en alexandrins, avec dessins de la main de ton enfant), bluff : « Une collègue à vous m'a dit que c'était bon ! J'ai arrêté toutes mes recherches ! »

À l'issue de ce processus de sélection sans équivalent dans le monde (j'ai ouï-dire que le GIGN, le Mossad et les *Marines* américains s'en inspiraient), un autre parcours du combattant attend les jeunes parents : celui des microbes, qui jonchent les années de crèche de leur bambin. Grippe, gastro, bronchiolite, angine, roséole, varicelle, otite... le choix est varié, et nul doute que Minus voudra profiter au maximum de son ticket *All you can catch*.

La crèche, c'est aussi le ballet des parents/grands-parents/nourrices/baby-sitters aux heures de pointe, les embouteillages de poussettes, les surchaussures jaune fluo, et au milieu de tout cela, au milieu des microbes, des cris, des bosses, des pleurs, des biberons, des couches, des adultes qui courent et qui soufflent, le sourire des auxiliaires de puériculture, qui forcent chaque jour un peu plus ton admiration.

Croissance

Il y a tellement de choses qui se mettent à croître quand tu deviens parent !

Ton enfant, déjà, bien sûr. Un jour, c'est une crevette de 50 centimètres, le lendemain une petite fille ou un petit garçon de 1,10 mètre capable de réciter des poésies, de faire du vélo sans les petites roues, de tenir l'équilibre plus longtemps que tu ne l'as jamais fait.

Ton amour pour lui, pour elle.

C'est fou, mais plus les jours passent, plus tu l'aimes.

Cet amour foudroyant qui t'a renversé à la maternité (ou pas, et c'est OK de ne pas aimer son enfant au premier regard !) ne cesse de grandir, de s'épanouir, de tisser ses racines dans ton cœur de papa gaga.

Ta confiance en toi, à mesure que tu changes les couches, donnes le bain, apprends à reconnaître et décrypter les pleurs de ton bébé. Pour rappel, on ne naît pas papa : on le devient !

Ton appartement ou ta maison, car un jour, tu n'as pas le choix, tu dois déménager ! Votre nid d'amour de 37 mètres carrés n'arrive plus à contenir la somme de vos énergies débordantes – et encore moins les paniers de jouets qui s'accumulent dans votre malheureux salon !

Ta *to do list* : emmener Minus n° 1 chez le pédiatre et Minus n° 2 chez l'ophtalmo, faire les courses, plier le linge, fini les mini Post-it 51 × 51 et place aux méga blocs-notes à aimanter sur le frigo.

Ton envie de tout plaquer pour aller élever des chèvres dans le Cantal, oui, ça arrive, quand tu n'as pas dormi depuis quatre nuits, que la bassine de linge sale dégorge de bodies, que tu crois entendre des pleurs alors que tu es seul au milieu de la forêt, cette envie-là grandit en toi – et puis disparaît dans le bleu d'un regard qui dit : « Je t'aime, Papa. »

Culotte de maternité

Conseil : si ta chérie te demande de lui en acheter une, inutile de te pointer chez Etam, Aubade ou Victoria Secret. « Ils n'en avaient pas (sans blague). Du coup, je t'ai pris ce petit ensemble en dentelle à la place, joli non ? »

L'heure n'est pas au sexy mais à la survie.

Tu imaginerais Rambo en string et porte-jarretelles ? Maintenant, c'est fait, et cette image ne te quittera jamais.

illustration : @Y.dessin

D

Dad-blessing

Tendance (en vogue) à mettre les pères investis sur un piédestal. J'ai appris ce terme récemment. En gros, les pères se sont tellement désengagés du monde de la petite enfance (au Moyen Âge, par exemple, dans les familles nobles, il était de coutume qu'on ne présente pas l'enfant au père avant ses 7 ans, car il fallait qu'il ait atteint l'« âge de raison ») que la moindre manifestation d'implication est vue comme une chose remarquable, qui appelle des félicitations.

Inversement, les mères, elles, sont durement jugées si leurs actions ou leurs pensées ne sont pas à la hauteur de la fonction que le patriarcat leur a historiquement assignée – ce qu'on appelle le *mom-shaming*.

Par exemple :

« C'est ton mari qui s'est levé la nuit dernière ? Il assure, dis-moi ! »

« Comment ça, elle ne s'est pas levée alors que son bébé pleurait ? Oh, la mauvaise mère ! »

On ne félicitera jamais une mère de se lever la nuit pour nourrir son enfant, car c'est ce qui est naturellement attendu d'elle. Pire, on la blâmera si elle ne le fait pas. Le père, quant à lui, sera vu comme un héros des temps modernes si ses cernes témoignent d'une nuit difficile. Avec cette conclusion pleine de tendresse et d'empathie : « Il a bien besoin de repos, le pauvre ! »

Cela ne signifie pas que tu n'as pas le droit d'être fier. Fier d'avoir endormi Bébé qui hurlait à la mort, fier de partir tous les jours du boulot à 17 h 30 pour aller le chercher à la crèche,

fier de savoir changer une couche plus rapidement que ton ombre.

Être parents est une mission difficile, remplie de petites victoires qu'il faut savoir apprécier. Cependant, il est également important d'avoir en tête ce double-standard.

NON, tu ne réalises pas d'exploits.

Tu fais ta part, tout simplement.

À PEINE CROYABLE POUR CERTAINS, ON AURAIT EN EFFET PU PENSER À UN CANULAR. ET POURTANT CE PAPA FAIT LE BUZZ.
C'EST DANS LE PETIT VILLAGE DE VIER-SUR-MER QUE KEVIN PAGEOT, 36 ANS, AURAIT CHANGÉ LA COUCHE DE SA FILLE ET CE, SANS QU'ON NE LE LUI DEMANDE. CET ÉVÉNEMENT A ÉTÉ RAPPORTÉ PAR PLUSIEURS TÉMOINS PUISQUE LA SCÈNE AURAIT EU LIEU DANS UN PARC EN PLEINE APRÈS-MIDI. EXCÈS DE ZÈLE POUR CERTAINS, NOTAMMENT LES MEMBRES DE L'ASSOCIATION « DES PAPAS QUI SE TOUCHENT LA NOUILLE ». JUSQU'OÙ IRA-T-IL ?
AH ! ON ME DIT DANS L'OREILLETTE QU'IL SERAIT EN CE MOMENT MÊME RETRANCHÉ DANS UN SUPERMARCHÉ AVEC SA FILLE ET QU'IL NE SERAIT PAS ACCOMPAGNÉ DE LA MAMAN DE L'ENFANT POUR FAIRE DES COURSES.
IL RECEVRA LES CLÉS DE LA VILLE LORS D'UNE CÉRÉMONIE OFFICIELLE, PUIS LA LÉGION D'HONNEUR REMISE DIRECTEMENT PAR LE PRÉSIDENT QUI AURAIT DÉCLARÉ DANS LE PLUS GRAND DES CALMES, QUE C'ÉTAIT « UN PETIT PAS POUR L'HOMME MAIS UN GRAND PAS POUR LA PARITÉ ».
BRÈLE FM TV.
illustration : @Y.dessin

Danger

Il est partout. C'est ce couteau, posé sur la table de la cuisine, que tu as oublié de ranger ; ce coin de table à l'arrondi mortel qui frôle son crâne à chaque fois qu'elle se met debout ; toutes ces prises que tu as dû couvrir car, dès l'âge de 6 mois, il s'est pris de passion pour l'électricité ; cet escalier qu'il essaie de grimper chaque matin, avec ses chaussettes glissantes et ses mains qui agrippent maladroitement la rambarde ; et puis aussi cette amande tombée au sol, vers laquelle il se précipite comme si c'était la chose la plus incroyable au monde, dans le seul et unique but de la mettre dans sa bouche au risque de s'étouffer.

Bébé joue avec le feu, oui. Au sens propre pour les parents qui possèdent une cheminée. C'est un casse-cou, un aventurier, un amateur de sensations fortes. En tant que jeune papa, l'une de tes missions est d'« encadrer » cet enthousiasme. C'est-à-dire de l'empêcher de se couper, brûler, noyer, taillader, rompre le cou, faire écraser ou emporter dans les airs par un aigle (oui, ça arrive).

Être papa, maman, c'est perdre de l'espérance de vie (et des cheveux) pour en faire gagner à ses enfants.

Dehors

Oh, le dehors ! Les arbres, le vent, la terre, la boue, le ciel ! Pour des jeunes parents, le dehors est souvent salvateur. On le sent, quand ça commence à chauffer dans la maison. Ils courent partout, ils sautent, ils pleurent, ils se cognent, c'est comme si le salon était soudainement devenu trop petit et le plafond trop bas ! Dehors il pleut, mais tant pis, il faut sortir ! À peine la porte ouverte, ils se ruent hors de leur cage tels des lions affamés ayant aperçu une malheureuse gazelle.

Les enfants ont viscéralement besoin d'air frais. Quand ils jouent au parc ou en pleine nature, leur imagination devient littéralement sans bornes, ils apprennent à tester leurs limites, tout en évacuant l'énergie stockée par la vie citadine. Quelle fierté dans leurs yeux (et les nôtres !) quand ils descendent pour la première tout seuls le toboggan ! Quand ils arrivent à grimper jusqu'à cette branche tout là-haut, qui touche presque le ciel ! Quand ils reconnaissent le nom d'une plante ou d'une fleur qu'ils ont vue dans un de leurs livres. La vie d'un enfant est émaillée de ces petits exploits qui, mis bout à bout, conjugués les uns aux autres, construisent l'édifice de sa maison intérieure, cette confiance en soi indispensable qui ne peut s'acquérir que par l'activité, le jeu, le dépassement de soi.

Dents

Non, Bébé n'a pas une dent contre toi.

C'est pourtant l'impression que tu as, parfois, quand il se met à hurler au milieu de la nuit, t'arrachant aux bras si doux et si lourds de Morphée. Et aussi quand il te mord le doigt, avec ses trois quenottes plus tranchantes que les crocs d'un croco. Et aussi quand il faut changer sa couche, et que son caca (typique des poussées dentaires) s'étale en magma jaune et nauséabond sur l'ensemble de son corps, et que tu finis par lui donner un bain en pleine journée, après avoir vidé un paquet de lingettes.

Bébé n'a pas une dent contre toi.

Il en a vingt.

illustration : @Y.dessin

Déraillement

J'ai eu l'idée de ce mot assis dans le RER, en train (#JEUDEMOTS) d'attendre depuis quinze minutes que les portes se ferment. À chaque fois qu'il y a un problème de métro ou de RER (c'est-à-dire presque tous les jours), j'ai la sensation que c'est toute ma vie qui déraille. Car chaque seconde compte quand on sort à 17 h 40 du boulot, et qu'on doit récupérer Bébé avant 18 h 30 à la crèche, et qu'il y a tout pile quarante-cinq minutes de trajet. Le déraillement, c'est cette panne électrique qui arrête soudainement le trafic, obligeant dans l'urgence à trouver un chemin alternatif. C'est ce problème de signalisation immobilisant le train au milieu des rames, nécessitant un appel d'urgence à la crèche et à la famille. C'est ce trop-plein de voyageurs bloquant la fermeture des portes, et toi qui regardes les aiguilles de ta montre et qui penses : « Bordel, pourquoi elles ne s'arrêtent pas elles aussi ? »

Mais le déraillement, c'est tant d'autres choses aussi ! C'est cette soirée qui avait bien commencé et qui part soudainement en vrille quand ton fils attrape la trousse de maquillage de sa mère. C'est ce trajet en voiture qui se déroulait jusqu'à présent dans le calme, et qui se transforme tout à coup en opéra de larmes et de cris. C'est cette sortie shopping qui tourne au drame quand ta fille aperçoit un château Reine des Neiges et qu'elle refuse de sortir du magasin tant que tu ne le lui as pas acheté.

Finalement, devenir parents, c'est monter dans un train aux horaires et à la destination incertaines, aux arrêts et redémarrages brutaux, aux odeurs parfois désagréables, le tout sans rien contrôler mais en se faisant souvent contrôler soi-même : « Vous avez votre billet du parent parfait ? » En quelque sorte, c'est prendre à chaque seconde un RER, l'amour en prime.

Deux (enfants)

Quand tu n'en avais qu'un, tu trouvais que c'était dur. Tu te plaignais que tu n'avais plus de temps pour toi, que le quotidien était une course folle entre la crèche et le boulot, que tu étais crevé à force de nuits pourries. C'était ta rengaine, quand tu prenais un verre avec les potes (car oui, tu avais encore le temps de prendre des verres avec tes potes) : « Si vous saviez, les gars, je n'arrête pas ! Je suis CRE-VÉ. Mais c'est que du bonheur, hein ! »

Aujourd'hui, tu poses un regard attendri sur ce jeune pa(pa)dawan aux cernes naissants. Tu repenses au temps où tu pouvais faire caca tranquillement en consultant *L'Équipe*, car Maman s'occupait de Minus. Avec deux enfants, tu ne fais plus caca tranquillement en consultant *L'Équipe*. Il y en a toujours un pour échapper à la vigilance maternelle et envahir ton espace sacré. Le quotidien n'est plus une course, c'est un décathlon olympique, avec chaque soir les mêmes temps de passage : sortie du boulot à 17 h 33, saut de quai dans RER à 17 h 37, arrivée à la crèche à 18 h 05 puis sprint jusqu'à l'école qui ferme ses portes à 18 h 30. Quant aux nuits, pour rester dans la métaphore athlétique, ça devient une course de relais : cauchemar, fièvre, pipi au lit, terreur nocturne... On dirait presque qu'ils ont un agenda partagé. Avec deux enfants, tu deviens également spécialiste de la gestion de conflit : « Si Ambre te donne la moitié de son Smartie (ça existe au singulier ?), tu veux bien lui prêter la moitié de ton dinosaure ? », et de l'art du rangement théorisé par Marie Kondo – seul moyen de faire rentrer les affaires de tout le monde dans les placards et les valises.

Bref, deux enfants, c'est deux fois plus de rires, de larmes, de jouets, de vêtements, de frayeurs et de raisons d'être fatigué... mais aussi et surtout deux fois plus d'amour.

#LOVE

Dos

Un des organes qui prend le plus cher, certainement, quand on devient parent. Déjà parce qu'on porte. Beaucoup. Souvent. En écharpe, en porte-bébé, dans les bras, sur les épaules, pour nourrir ou consoler, deux bras tendus vers toi, tu te baisses, tu soulèves, tu portes. Du matin au soir, du soir au matin (les parents sont des créatures diurnes ET nocturnes). Je ne serais d'ailleurs guère étonné d'apprendre que, du fait de la pression constante exercée sur sa colonne vertébrale, la taille moyenne d'un père ou d'une mère diminue au cours de ses premières années d'activité.

Parfois, on ne porte pas, mais on en a quand même plein – le dos. Des cris, des « Non ! », des bagarres entre frère et sœur. Plein le dos de courir sans cesse entre l'école, la crèche et le boulot, plein le dos des injonctions, des « conseils », des « de mon temps », plein le dos de faire de son mieux et pourtant ce n'est jamais assez. Et quand tu crois en avoir terminé, que tes enfants font enfin leurs nuits, mangent tout seuls, cessent de se jeter au sol pour un oui ou pour un non (surtout un non), ils deviennent rapidement une autre forme d'humains qui risquent de te mettre les nerfs à vif : des a... DOS !

Doudou

Première chose à savoir :
c'est l'enfant qui choisit son doudou, pas toi.
Oh, bien sûr, tu peux essayer de forcer le destin !
Lui présenter matin et soir ce magnifique lama en alpaga rapporté du Pérou ; poser dans son berceau **(attention, pas la nuit !)** cette sublime licorne au pelage arc-en-ciel, payée une fortune sur un site de jouets suédois à la mode, ou bien encore faire parler avec ton mauvais accent *british* cet adorable nounours au look follement rock, souvenir de tes années Erasmus à Londres.
Mais il est tout à fait probable que, malgré tous ces efforts, Bébé finisse par jeter son dévolu sur le lapin rose (est-ce qu'il est vraiment rose, ou c'est un violet raté ?) offert par la grand-tante à la maternité.

Deuxième chose à savoir :
il vaut mieux perdre ton dernier iPhone, ton portefeuille, et même ta télé Oled dolby vision résolution UHD 4K 3 840 × 2 160 pixels, que le doudou de Bébé.

Un iPhone, ça se rachète. Une télé, ça se rachète aussi. Une carte de crédit, de fidélité, de visite, ça se refait. Mais un doudou… un doudou rempli d'odeurs, de souvenirs, un confident au pelage tout durci de bave et de larmes, il n'y en a qu'un sur Terre. Alors, mon conseil : veille dessus comme sur la prunelle de tes yeux.

Troisième et dernière chose à savoir :
si tu veux jouer les malins et acheter un double du doudou, sache, d'expérience, que ce stratagème est inefficace. En effet, deux possibilités : soit, par manque d'odeurs, de taches et de trous, il sera relégué au rang de simple peluche (voire d'imposteur) ; soit tu vas te retrouver avec deux doudous favoris sur le dos, et tu seras donc deux fois plus stressé d'en perdre un. CQFD.

illustration : @Y.dessin

E

Écharpe de portage

Elle est là, posée sur le canapé,
votre écharpe de portage gris clair et turquoise, magnifique,
que ta chérie enfile en deux temps trois mouvements
quand Bébé pleure et qu'il a besoin d'être porté.

Sauf qu'aujourd'hui, ta chérie n'est pas là, tu es seul,
seul avec ton écharpe de portage et ton enfant qui hurle.

**« Comment tu veux que je me concentre
si tu t'égosilles comme ça ? »**

Tu lances la vidéo YouTube et tu suis le tutoriel :
comme la démonstratrice à l'écran, tu passes l'écharpe autour de ta taille, bien à plat, puis tu la montes au niveau des épaules, tu la fais repasser… Non, attends, n'importe quoi ! Tu recommences : nouer autour de la taille par-devant, jeter sur les épaules (« Deux minutes, si tu peux arrêter de pleurer deux minutes, ça nous aidera tous les deux, j'te jure ! »), attraper Bébé qui se débat, le faire glisser dans le tissu contre soi, rabattre les ailes sous ses fesses, serrer dans le dos, oui pas mal, pas mal du tout ! Bon, de toute évidence, si tu le lâches, il tombe, ce qui n'est pas censé arriver, mais malgré tout tu es un peu fier de l'avoir contre toi comme ça, et déjà tu sens qu'il s'apaise, qu'il se relâche.

**Tu n'as peut-être pas de cape comme Superman,
mais soudainement, avec ton écharpe,
tu te sens l'âme d'un super… papa !**

illustration : @Y.dessin

Échographie

« C'est votre bébé, dit la gynéco, montrant une petite forme grise sur une tache noire. Il fait la taille d'une graine de sésame. » Tu plisses les yeux. « Si vous le dites », tu as envie de répondre. Ta chérie pleure, mais toi, tu as du mal à te projeter. À réaliser que c'est vraiment ton bébé, celui que, dans quelques mois si tout va bien, tu rencontreras et prendras dans tes bras pour la première fois. Tu es stressé qu'elle détecte un problème, alors tu fais des blagues pour détendre l'atmosphère. Et puis tu entends quelque chose. Un bruit qui te passe l'envie de faire des blagues. Un bruit qui fait soudainement tout disparaître autour de toi et qui te met les larmes aux yeux.

« Attendez, c'est... ? » tu demandes.

« Oui, répond la gynéco, c'est le cœur de votre bébé. »

Jusqu'à présent, quand on te demandait ton son *all-time* préféré, tu citais Queen, les Beatles, Mozart ou les Bratisla Boys (chacun ses goûts). Désormais, ce sera ce son-là, le tambourin d'un cœur gros comme un grain de poussière, coup de foudre dans le ciel de ta vie.

Éducation bienveillante/positive

Une montagne. Faite de paysages merveilleux, de côtes qui semblent infranchissables, d'avalanches émotionnelles, d'instants purs et lumineux.

Rester calme face à son enfant qui se jette et hurle au sol. L'écouter et l'aider à verbaliser. Ne pas céder soi-même aux cris et à la colère.

C'est la voie la plus exigeante. Elle implique de ne pas laisser un nourrisson pleurer et « se calmer tout seul ».

Elle implique d'accepter le fait qu'un petit enfant ne fait pas de caprices,

qu'il en est biologiquement incapable. Elle implique aussi d'affronter sa propre histoire, faite peut-être de cris et de coups.

On peut lire Isabelle Filliozat, Catherine Gueguen, Thomas Boyce, et pourtant se trouver démuni(e) face à un enfant qui hurle. Car rien ne prépare à cela. Rien ne prépare à ne pas dormir pendant des mois, à s'entendre dire « non », encore et encore, à voir sa délicieuse purée maison jetée avec désintérêt sur le sol.

C'est dur. Parfois, tu craqueras. Tu pousseras un cri de colère, et il te regardera avec des yeux ronds, exorbités, et tu t'en voudras peut-être. Tu as le droit de crier, ça arrive, tu es humain. L'essentiel, c'est de garder le cap car au bout, tout au bout de ce chemin escarpé, se profile le plus merveilleux des paysages : un enfant élevé dans l'amour et la bienveillance, nourri d'attention, capable de nommer et d'accueillir ses émotions. Crois-moi, il n'y a pas au monde de plus belle récompense.

Mots liés : ***cortex préfrontal***, **terrible two**

illustration : @Y.dessin

F

Fierté

Fierté quand ton enfant se met debout pour la première fois.

Fierté quand il déchiffre tout seul un mot dans la rue.

Fierté quand tu arrives à le calmer alors qu'il était en pleine tempête émotionnelle.

Fierté quand tu lui donnes son premier bain, son premier biberon, son premier baiser.

Fierté (ultime) quand elle dit « Papa » pour la première fois.

Fierté quand on te dit que c'est « une petite fille bien élevée ».

Fierté quand on te dit qu'il te ressemble.

Fierté quand tu l'accompagnes pour sa rentrée scolaire.

Fierté quand tu marches dans la rue avec la poussette et que les gens sourient.

Fierté quand tu fais des choix importants, comme refuser une promotion car tu n'as pas envie de voyager aux quatre coins du monde.

Fierté quand tu le hisses sur tes épaules et que tu marches des kilomètres avec la sensation d'être un géant protecteur.

Devenir papa, c'est aussi être fier pour des petits riens et des grands tout.

Fontanelles

Non, ce n'est pas le nom d'un poète du XIXe siècle, ami de Rimbaud et Baudelaire. Les fontanelles, ce sont les petits espaces un peu mous entre les os du crâne de Bébé, car ceux-ci n'ont pas fini de se souder. Ces zones molles permettent à la tête de se déformer (un peu) pour aider Bébé à passer lors de l'accouchement (ce qui explique pourquoi certains nourrissons ressemblent à de mignons *aliens*), puis au cerveau de bien se développer durant les premiers mois – au cours desquels il double de volume !

Ces zones molles sont fragiles, donc il faut en prendre soin. Par exemple, pour éviter les plagios, tu peux essayer de varier ses positions quand il est éveillé. De même, lorsque tu le couches le soir sur le dos, assure-toi que sa tête n'est pas toujours tournée du même côté. Astuce : s'il est en cododo et tourne instinctivement la tête vers vous, positionnez-le un jour avec la tête au pied du lit, et inversement le lendemain.

Mot lié : ***plagio****.*

Frigo

Ça fait partie des promesses que vous vous étiez faites : ne pas avoir un de ces frigos de parents décorés de mille Post-it, de dessins d'enfants ou encore de magnets rapportés de Disneyland ou de la Cité des sciences. Quatre ans et deux enfants plus tard, votre frigo est précisément devenu cette monstruosité cubiste qui aurait rendu Braque et Picasso fous de jalousie. Et ce n'est pas simplement l'extérieur qui mériterait d'être pris en photo et exposé au Prado, mais également l'intérieur, avec sa collection de petits pots à moitié entamés, ses tomates qui pourrissent au frais, ses Tupperware aux compositions hétéroclites où s'entassent les restes des trois derniers repas des enfants. À chaque fois que tu regardes ou ouvres ce frigo, tu ne peux t'empêcher d'y voir une métaphore de ta vie de parent qui n'essaie même plus de sauver les apparences.

G

Gâteaux

Il y a celui d'anniversaire, déjà, avec sa déco dinosaures, Reine des Neiges ou pirates, qui t'a coûté une blinde et dont les restes traîneront pendant deux semaines dans ton frigo parce que le gâteau pour huit que tu as commandé est en réalité pour trente-cinq.

Il y a ceux que tu as pris un jour pour aller en balade et qui ont fini éclatés en miettes au fond de ton sac, se mélangeant à la banane que tu as aussi prise pour aller en balade et qui a aussi éclaté au fond de ton sac, le tout formant une sorte de pâte pleine de grumeaux qui ne te donne pas du tout envie de faire des crêpes.

Et puis il y a ceux que ton enfant mange derrière toi tandis que tu passes l'aspirateur, version moderne et parentalisée du mythe de Sisyphe. Car, de même que le rocher ne cessera jamais de redescendre, en dépit des efforts du malheureux héros pour le hisser en haut de sa montagne, de même ton sol ne cessera jamais d'être couvert de miettes, de pâtes, de morceaux de pommes ou de bananes, car aucun aspirateur au monde (même pas le Dyson à propulsion cosmique V33 by Toni Star) n'est plus rapide que les mains d'un bébé qui a décidé de jeter sa nourriture par terre.

illustration : @Y.dessin

Goûter

Avant, vous faisiez des *after*, des apéros, des soirées. Aujourd'hui, vous faites des « goûters ». Pour tes amis parents, c'est une évidence : « Parfait, on apporte les chouquettes ! » Pour tes amis non-parents, c'est une énigme : « Un goûter ? J'en ai pas pris depuis mes 12 ans je pense. » Certains feront l'effort, d'autres non. C'est la vie.

Pour les parents, l'heure du goûter, c'est l'instant idoine pour sociabiliser sans foutre en l'air toute son organisation. Idéalement située entre l'heure de la sieste et celle du soir, elle dispense de remuer terre et ciel pour trouver un moyen de garde – ou, à défaut, un coin tranquille où faire dormir les enfants. À 16 heures, les enfants sont en forme. C'est un peu sport, mais joyeux, animé, vivant ! Et quand sonnent 18 heures, inutile d'inventer une excuse bidon pour s'éclipser : chacun file, tête baissée et sans se retourner, vers son habituel tunnel repas-bain-dents-dodo.

Avant, le milieu de l'après-midi était ce moment un peu creux durant lequel tu te remettais de ta nuit ou te préparais pour la prochaine. Aujourd'hui, c'est le pinacle de ton week-end, quelques heures de pure folie durant lesquelles tu enchaînes les *latte* en papotant crèche et poussettes, tout en empêchant tes enfants de se rompre le cou.

Tu n'es pas encore parent et tu trouves ça triste ? Risible ? Flippant ? Fais-moi confiance, tu vas très, très, vite y prendre goût !

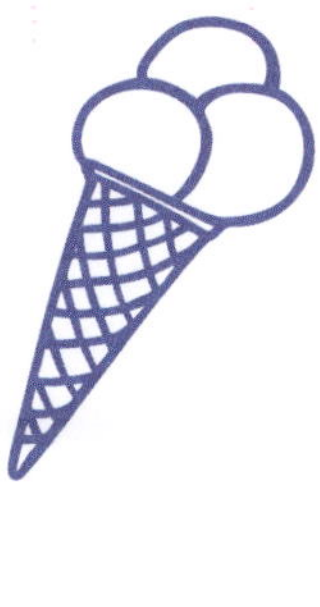

Grasse matinée

Erreur 404

illustration : @Y.dessin

Grimace

Avant, tu te moquais un peu des parents qui faisaient des grimaces à leur bébé pour le faire rire. Tu les regardais, te promettant que, le jour où tu aurais toi-même un enfant (si cela devait arriver, dans un futur très lointain), tu ne tomberais jamais aussi bas dans le ridicule. « On peut être parents et garder sa dignité non ? » tu glissais à ton pote, moins catégorique que toi. Et puis tu es devenu papa, et tu as remarqué que, quand tu mettais les mains devant tes yeux avant de les enlever en t'écriant : « Coucou ! », ça faisait rire ton bébé aux éclats, et que ce rire était la plus belle chose que tu aies jamais entendue. Et tu as remarqué aussi qu'il riait quand tu louchais, gonflais tes joues, faisais vibrer tes lèvres, et comme son rire te dilate véritablement le cœur, eh bien tu louches, tu gonfles tes joues, tu fais vibrer tes lèvres, tout cela parfois en même temps, en te moquant parfaitement qu'on te regarde bizarrement dans la rue car tu as compris en devant papa que non seulement le ridicule ne tue pas, mais que, surtout, il fait vivre.

illustration : @Y.dessin

Gueule de bois

Dans ta cuisine éclairée d'un pâle rayon de jour,

les packs de lait ont remplacé les packs de bière,

mais le résultat est le même : **tu es K.-O. debout !**
C'est la gueule de bois du jeune parent. Quand il faut aller travailler alors que tu n'as dormi que deux ou trois heures par plages de trente minutes. Quand tu erres tel un zombie dans les couloirs de ton *open space*, en quête de ton sixième café. Quand tu sursautes au moindre bruit, croyant entendre un bébé pleurer alors que c'est un chien qui aboie ou une porte qui grince.

Entre gueule de bois du parent épuisé et gueule de bois classique, les symptômes sont donc similaires (mal de crâne carabiné, bouche pâteuse, sensation d'avoir été piétiné toute la nuit par un troupeau de buffles)... mais les causes aussi :

1) une nuit de java ;

2) un trop plein d'ivresse (tu es bien ivre d'amour pour ton bébé, non ?) ;

3) une décision prise dans un moment de faiblesse ou en toute conscience :

« Un dernier verre et j'y vais ! »
versus
« Viens ! On fait un enfant ? »

Mes comparaisons peuvent sembler tirées par les cheveux, mais ça tombe plutôt bien quand on parle de gueule de bois, non ?

ÂGE DE L'ENFANT: 2 ANS ET DEMI...
RESSENTI: 3 GRAMMES...
illustration : @Y.dessin

H

Haptonomie

Du grec ancien : *haptô*, « le toucher, le lien », et *nomos*, « la règle ». L'haptonomie est donc la discipline du « toucher affectif ». Bizarre au début, quand la sage-femme vous fait mettre en sous-vêtements dans des positions improbables. Bizarre aussi quand elle vous explique exactement où se trouve Bébé et ce qu'il fait : « Alors là, il est en position semi-incurvée, il suce son pouce et se gratte l'oreille avec son pied. » Tu penses : « Bon sang, comment sait-elle ? Aurait-elle un échographe caché dans le cerveau ? » Et puis tu t'y habitues, et toi aussi tu commences à développer des super-pouvoirs. Le plus dingue de tous ? Tu arrives à faire bouger Bébé en effleurant à peine le ventre de tes mains, comme si un flux d'amour et d'énergie circulait déjà entre vous. Magique !

Hiver

L'hiver, quand on est jeune parent, c'est la saison des rhumes, des toboggans gelés et des sapins de Noël, mais c'est surtout quatre longs mois où l'on met trois heures à habiller Bébé chaque matin, et puis trois heures à le déshabiller quand on arrive à la crèche ou chez la nounou, et puis trois heures à le rhabiller le soir, avec ses petites mains bloquées dans les manches de la doudoune, son nez qui coule, ses yeux qui dépassent à peine du bonnet. Finalement, il n'y a qu'une seule chose qui n'est jamais en retard en hiver : ce sont les microbes, pour te faire passer des nuits pourries.

I

Imagination

Tu vas en avoir besoin quand il faudra occuper tes enfants pendant quatre heures de train, quand ils te demanderont de raconter une histoire avec trois princesses, un koala et un train bleu (le cahier des charges est souvent très précis), quand il faudra leur expliquer comment on fait les bébés ou pourquoi il y a quelque chose plutôt que rien (oui, un jour, Minus te posera la question, et beaucoup plus tôt que tu ne le penses). Tes enfants, eux, n'ont pas besoin d'imagination car ils en possèdent à foison. Leur esprit fourmille d'idées farfelues, de créatures qui prennent vie dans ta maison, d'expressions venues d'une autre planète. Avec des enfants, un foyer s'illumine et s'anime. Une ombre sur un mur devient un passeport pour le Pays imaginaire, une tempête de neige la preuve irréfutable qu'Elsa est dans les parages, un éclair dans le ciel un message envoyé par Zeus le père d'Hercule. Chaque flaque d'eau ou de soleil recèle un monde d'infinies possibilités. Toi, tu vois de la boue, de la crasse, un danger pour le tissu gris clair de ton canapé. Eux voient de quoi construire un royaume où s'amuser pendant des heures. À toi de voir si tu préfères rejoindre ce royaume ou jouer les relous.

Spoil : tu vas jouer les relous avant de lâcher l'affaire.

J

Jouets

Chaque année, au moment de Noël, c'est le même spectacle. Des catalogues et des rayons de jouets bariolés de rose ou de bleu, des publicités avec des petits garçons brandissant fièrement leur camion de chantier, des parents qui s'interrogent, qui hésitent, qui doutent :

« Marie nous a demandé une mallette de bricolage, mais tu crois vraiment que c'est ce qu'elle veut ? Elle serait plus heureuse avec une dînette ou un poupon, non ? »

Alors NON, les poupées ne sont pas réservées aux filles et les petites voitures aux garçons ! Penser le contraire, c'est mépriser leur imagination, leur soif de découverte, leur curiosité. C'est aussi les priver des bienfaits que toutes ces activités apportent en termes de développement moteur et cognitif, de découverte de soi, d'ouverture vers les autres. La science nous apprend qu'à la naissance, seules 10 % des connexions cérébrales sont établies. Le reste sera soumis aux interactions de l'enfant avec son environnement – c'est la fameuse « plasticité cérébrale ». En d'autres termes, le cerveau ne cesse de se modifier en fonction de nos modes de vie, de nos apprentissages et de nos expériences. Cantonner nos petits à certaines activités sous prétexte qu'ils ont un chromosome Y en plus ou en moins, ce n'est pas seulement perpétuer la tradition des préjugés de genre, c'est également restreindre leur fantastique potentiel de développement. Dommage, non ?

Si tu veux en savoir plus sur le sujet, je te conseille le livre d'Aurélia Blanc : *Tu seras un homme – féministe – mon fils !* **Une mine d'or.**

Dans les coulisses de l'opération : « douleur intense » !

L

Linge

Il faut le savoir, quand tu deviens parent, un maléfice s'abat sur ton foyer : celui des bassines (bacs, panières, appelez-les comme vous voudrez) toujours pleines.

Tu as beau faire tourner des machines, plier encore et encore, étendre des kilomètres de vêtements d'un bout à l'autre du salon, rien ne semble pouvoir venir à bout de ces tonneaux des Danaïdes modernes. Chaussettes, bodies, culottes… c'est une valse perpétuelle, un tango qui se danse du lundi matin au dimanche soir, sans répit car l'école et la crèche, en plus d'être des nids à microbes, sont aussi des nids à taches (de purée, d'herbe, de caca et j'en passe, même de sang parfois, comme s'ils avaient passé la journée dans une cage avec des fauves). D'ailleurs, vu l'état des fringues de tes enfants, tu comprends mieux l'expression :

« On ne lave pas son linge sale en public. »

C'est une question de respect.

illustration : @Y.dessin

M

Maladie

Avant, quand tu étais malade, le programme était simple : tu restais au lit en attendant que ça passe. Les seuls efforts que tu avais à fournir, c'était pour aller aux toilettes, prendre tes médocs et allumer ou éteindre ta télé. Pour résumer, tu te mettais en mode *off* avec plaid et thé chaud au citron, et tu revenais au monde quelques jours plus tard, flambant neuf, requinqué comme jamais.

Quand on est jeune papa, il n'y a pas de bouton *off*.

Tes enfants ne cessent pas de manger, de jouer, de faire caca sous prétexte que tu es malade. Alors, tu prends sur toi. Malgré la fièvre, le rhume, les frissons qui te font trembler de la tête aux pieds, tu puises au fond de ton être les ressources pour t'occuper d'eux. Ou alors tu appelles ta mère.

illustration : @Y.dessin

Maman

Maman. Prononcé 100, 1 000, 10 000 fois.
Maman, comme un leitmotiv, une habitude,
une évidence implacable et éternelle.

« Maman, j'ai envie de faire caca. »

« Maman, je vais me marier. »

« Maman, je t'aime. »

« Maman, ne me laisse pas ! »

Jamais.

Maman, de l'aube au crépuscule, par monts et par vents,
Maman qui court, qui pense, qui organise, qui réconforte,
qui nourrit, qui chante, qui danse, qui pleure, qui conduit,
qui travaille, qui compte, qui lit, dans l'ombre, l'ombre de son amour
qui se déploie infiniment autour d'elle, la laissant parfois vide et épuisée.

« Mamaaaa... aaaaa » s'époumonait Freddie Mercury.
Maman, cri du cœur, de l'âme, de l'estomac. Ma-man, deux syllabes.
Ma... man. Ma, la mienne. Oui, la tienne. Maman, appel du petit enfant
qui a faim, du grand enfant qui a mal.
Maman, avec ton (ai)M(e) majuscule, car symbole universel d'amour.
Derrière chaque réussite, chaque progrès accompli
par l'humanité, il y a une maman. Deux bras précieux, pour consoler,
féliciter, apaiser. Ne l'oublions pas.

illustration : @Y.dessin

Marche

« Mon bébé de 16 mois ne marche pas, dois-je m'inquiéter ? »

« À quel âge marchent les bébés ? »

« Mon bébé a 7 mois et il marche, est-il précoce ? Est-ce un génie ? Faut-il le faire passer directement en CP ou l'inscrire à l'Insep ? »

Notre ami Google regorge de questions de ce genre (la dernière, un peu moins), posées par des parents ultra-stressés qui ont la comparaison facile. « Je ne comprends pas, le petit Anthony a trois mois de moins que Marceau, et il fait déjà 1'05 au 400 ! » Alors, déjà, rassure-toi, on parle d'une heure et cinq minutes, pas une minute et cinq secondes – un temps que même ton pote Jean-Phi', surentraîné, n'a pas dans les jambes. Ensuite, il faut savoir que les bébés marchent en moyenne entre leur 10ᵉ et leur 18ᵉ mois, et certains même plus tard, donc pas de panique... et pas de comparaison : chacun son rythme (et sa route, son chemin, etc.) !

PS : si Bébé ne marche pas à 18 mois et ne se met pas non plus debout, il peut être néanmoins utile de consulter.

Maternelles (les)

Avant, tu regardais les replays de « L'Équipe du soir », de « NBA Extra » ou du « Canal Football Club ». Aujourd'hui, pour rien au monde (OK, j'exagère un peu) tu ne louperais ceux des « Maternelles ». Dans ton cœur, la bande d'Agathe Lecaron et de Benjamin Müller a remplacé celles d'Hervé Mathoux et de Marie Patrux. Fini les *highlights* de Lebron James, les débats pour savoir si un tel méritait bien un rouge et si tel autre était effectivement hors jeu, et place aux analyses sur l'alimentation des nourrissons, les conseils sport de coach Karim ou encore les bons plans shopping de Marie Perarnau !

Miroir

Les miroirs, ce sont les ennemis n° 1 des jeunes parents (avec les dents qui poussent, les microbes durant l'hiver, les coins de table, les noisettes, les Lego oubliés par terre… bon, les parents ont beaucoup d'ennemis n° 1). Les pires, ce sont ceux des cabines d'essayage. Tu étais innocemment venu te racheter un pantalon ou une chemise, et soudain tu découvres un visage blafard, une coupe de cheveux sans projet, des cernes à rendre jalouse la sorcière de Blanche-Neige (pour rester dans le thème). La vérité, c'est que ce n'est pas d'une nouvelle chemise dont tu as besoin, ni d'un pantalon en flanelle gris clair ou d'une paire de sneakers dernier cri. Non, ce dont tu as besoin, fondamentalement, c'est de trois semaines de vacances aux Bahamas, sans tes enfants. Pour ça, il te faudrait une lampe ou un tapis magique, malheureusement tout ce que tu as, c'est un miroir « magique » qui, à la question : « Miroir, ô mon beau miroir, dis-moi qui est le plus beau des papas », répond insolemment : « Je ne sais pas qui est le plus beau, mais je sais qui est le plus crevé ! »

Mouche-bébé

Aspirateur à morve. Il déteste ça, toi aussi. À la place, tu peux utiliser une seringue (ça se trouve en pharmacie, elles ont un embout en silicone adapté aux petites narines de bébé) avec du sérum physiologique en bouteille. Peu importe la méthode, il est essentiel de bien laver le nez de son enfant, notamment pendant l'hiver où les microbes pullulent ! Un nez libéré (délivré ?), c'est un bébé qui dort mieux (ou pas), qui mange mieux (ou pas), et c'est surtout moins de risque qu'un simple rhume ne dégénère en otite ou en bronchiolite.

illustration : @Y.dessin

N

Netflix

TINTIN. Pas le héros de ton enfance à la houlette empanachée mais le bruit de l'application qui se lance. TINTINNNN, tu sais quand tu as oublié de baisser le son, et que ça résonne dans toute la maison alors que vous avez mis deux heures à coucher les petits et que vous retenez votre souffle en croisant les doigts et les orteils.

Ce son (qu'il ne faut JAMAIS oublier de baisser), c'est comme un rideau qui se baisse sur ta folle journée (ou un rideau qui s'ouvre sur ta soirée). ENFIN, tu peux te détendre, plateau sur les genoux peut-être, et te laisser porter par les aventures de Jamie Fraser, Thomas Shelby ou encore Ragnar Lothbrok – des mecs qui prennent tellement cher qu'ils te font relativiser tes galères de papa.

À tout moment, tu risques d'être interrompu (par des cris, des pleurs, des « Papa, j'ai soif ! »), alors tu savoures tant que tu le peux chaque seconde de ton épisode, je dis TON épisode et pas TES épisodes, car tu n'as plus l'énergie d'enchaîner comme autrefois. Avant, tu pouvais dévorer une saison entière en deux ou trois soirs, voire y dédier ta nuit, aujourd'hui tes paupières tombent toutes seules à 21 h 47. Quand tu reprends le lendemain, tu as la (mauvaise) surprise de découvrir que tel personnage est mort et que tel autre n'est pas celui qu'il prétendait être.

Oui, devenir parents, c'est aussi apprendre à se faire *spoiler*.

Noël (Père)

« Ah bon, tu leur fais croire au Père Noël ? Alors là, bravo ! Ne viens pas te plaindre s'ils deviennent plus tard des menteurs impénitents, des ados désabusés par le monde réel, ou pire : des complotistes ! »

« Tu ne leur fais pas croire au Père Noël ? Quel dommage de les priver de cette magie ! S'il y a bien un âge dans la vie pour rêver, c'est pourtant celui-ci ! »

Que tu fasses croire au Père Noël ou pas à tes enfants, il y aura toujours des gens pour commenter, juger, râler.

Mon conseil ?

Suis ton instinct et déguise-toi en Père Noël si ça te chante.

Évite juste de passer par la cheminée, surtout si elle n'a pas été ramonée depuis longtemps.

illustration : @Y.dessin

Nuit

Quand elle tombe (la nuit) et que tu tombes avec elle.
De fatigue, de haut, de Charybde en Scylla. À 2 heures du matin,
ta fille dans les bras et ton masque de sommeil koala sur le front,
tu tapes sur ton téléphone : « À quel âge les bébés font leur nuit ? »
Première réponse de Google : « Autour de 3 mois. » Stupeur.
La tienne en a 11 et elle continue de faire la java.
Vous avez tout essayé : cododo, pas cododo, veilleuse, pas veilleuse,
céréales dans le bibi, lit à barreaux, lit au sol, comptine, mais rien n'y fait,
c'est immuable, elle se réveille toutes les nuits à 11 h 24, 2 h 37 et 5 h 14.
Comme si, véritablement, une alarme était planquée dans son doudou.

Et puis un jour tu te couches, et tu te réveilles huit heures plus tard,
frais, dispo, et surtout complètement affolé car ce n'est absolument
pas normal que tu te sentes aussi bien. Évidemment, ta chérie
est dans le même état. Vous vous levez d'un bond et courez
dans sa chambre. Tout est silencieux, immobile, suspendu.
Ta fille ne bouge pas, comme si elle était… Sur la pointe des pieds,
tu t'approches du lit et tu tends l'oreille au-dessus de son nez.
Ouf, elle respire. Toi aussi du coup.

Deux choses sont absolument certaines
en ce qui concerne le sommeil des bébés :

Ils finissent tous par « faire leurs nuits ».

Toi, c'est moins sûr.

O

Ocytocine

Hormone du bien-être, du lien, de l'affection.

Chez la femme, c'est elle qui permet à l'utérus de se contracter, et donc de déclencher les contractions pendant l'accouchement. Elle est également responsable de l'éjection du lait au cours de l'allaitement et, plus généralement, favorise la création des liens d'attachement entre la maman et son bébé.

Pendant longtemps, on a pensé que cette super-hormone était réservée aux mères. Aujourd'hui, on sait que les pères en sécrètent également quand ils s'occupent de leurs enfants. En d'autres termes : changer les couches, donner le bain, faire des gouzi-gouzi sur le nombril... ça rend heureux ! Tu aurais tort de t'en priver, non ?

#SHOOTÉÀLOCYTOCINE

Ongles (coupe-)

Tellement petits ! Les ongles, le coupe-ongles, tout est trop petit ! Ta chérie t'a demandé de t'en occuper, mais tu es là, devant ces ongles minuscules et tu as tellement peur de te louper, de lui faire mal ! Tu attrapes un doigt, plisses les yeux, approches l'objet, *allez tu peux le faire*, c'est vrai qu'ils sont un peu longs, minuscules mais longs, d'ailleurs elle n'arrête pas de se griffer, alors il n'y a pas le choix, il faut couper ! Tu prends une profonde respiration, le palpitant s'emballe, *du calme mon grand*, et tu coupes ! Soulagement dans la poitrine, c'est le but de Wiltord à la 94e contre l'Italie.

#LESVRAISSAVENT

Allez, plus que neuf pour gagner la Coupe ! (Coupe des ongles... d'Europe... c'est bon, tu l'as ?)

P

Pansement

Pour soigner les maux de cœur, de corps, de l'âme.

Ta fille a mal au ventre ? **Pansement soleil**.

Ton fils a une bosse au front ? **Pansement Spider-Man**.

Ta nièce s'est cassé le poignet ? **Pansement licorne** (et petit séjour aux urgences).

À défaut de soigner, le pansement apaise, rassure, console.

Il cache (le bobo) et révèle (l'extraordinaire capacité des enfants à se relever et à repartir).

Mon conseil : **toujours avoir une boîte de pansements sur soi**.

illustration : @Y.dessin

Papa

Être papa.
Ce papa-ci l'est d'une façon, ce papa-là d'une autre.
Ce papa-ci rentre du boulot. Il est fatigué, il sort d'une importante réunion. Il ouvre la porte de chez lui, des cris résonnent. C'est son fils, 2 ans.
Ce papa-là est père au foyer. Sa femme a un très bon poste et pourvoit aux besoins financiers de la famille. Il ouvre une porte, lui aussi. La chambre de sa fille, qui s'éveille de sa sieste.
Ce papa-ci a attendu cet instant toute la journée – le tumulte joyeux de son foyer, les câlins, les baisers.
Ce papa-là a également attendu cet instant toute la journée – la balade au parc, les jeux dans l'herbe, le goûter sous le grand chêne feuillu.
Ce papa-ci prend son fils dans ses bras. Il est encore habillé. Sa femme a eu la délicatesse de ne pas le mettre en pyjama, pour qu'il puisse s'en occuper.
Ce papa-là met sa fille sur la trottinette. Elle adore ça. Se prend pour une pilote.
Ce papa-ci allonge son fils sur la table à langer. Retire ses vêtements, son body, la couche. Plonge son nez dans les cheveux fins qui bouclent autour des oreilles.
Ce papa-là sillonne les chemins de terre, s'arrête près d'une mare où barbotent des canards. Ils leur jettent des miettes de pain. Sa fille en mange la moitié.
Ce papa-ci cherche le paquet de couches. Taille 5. Avant, quand il regardait les tailles 5, il avait l'impression que c'était pour les géants. Aujourd'hui, c'est son fils le géant. Deux ans déjà. Il sort une couche, lui enfile, puis passe le body propre et le pyjama. Tous ces gestes lui procurent du bonheur.
Ce papa-là donne le goûter à sa fille sous le grand chêne feuillu. Tout est vert, rose et brillant. Elle dévore sa compote. Ses yeux bleus sont plissés par la lumière. Elle rit aux éclats.

Être papa, c'est être celui-ci ou celui-là, ou bien un autre.
C'est aimer, de toute la force de son être.
C'est faire de son mieux – ce qui ne signifie pas faire parfaitement.
C'est grandir, et faire grandir.
C'est apprendre. Comprendre. Défendre.
C'est, pour un homme, le plus beau métier du monde.
Un CDI de larmes, de rires et d'amour.

Parc

Où tu réalises que ton enfant n'est pas si fougueux ni casse-cou que ça. Pendant qu'il tente aventureusement de grimper le toboggan à l'envers, d'autres jouent les Tarzan à 6 mètres du sol, pratiquent le catch dans des structures à l'équilibre précaire, se balancent des pierres et des insultes dans un remake moderne de *La Guerre des boutons*.

Le parc, c'est aussi l'endroit où les enfants retrouvent leurs copains d'école et où toi-même retrouves les parents de ces mêmes copains d'école. Tu as le temps d'étudier un peu plus en profondeur ceux que tu ne vois d'ordinaire qu'en coup de vent. « Ah tiens, le père de Rose et celui de Tristan sont potes ? » tu penses, les regardant papoter sur un banc et t'interrogeant sur les origines de cette connivence. Dans ce nouvel environnement, ton regard change. Les parents de Benjamin, par exemple, que tu n'avais jamais trouvés très sympathiques. Toujours au bout de leur vie, comme si, toi, tu ne l'étais pas ! Il s'avère qu'en plus de leur fils un peu tumultueux, ils ont aussi des jumeaux, deux garçons d'à peine 1 an qui se donnent des coups de pelle dans le bac à sable. Le cœur chargé d'empathie, tu te promets de leur sourire chaque matin, même si eux continuent de tirer la gueule.

Un jour, tu y vas en plein après-midi de semaine, et c'est encore un autre spectacle qui s'offre à toi : celui des assistantes maternelles, réparties en équipe sur les différents bancs du parc, les bras chargés de doudous, biberons et paquets de gâteaux. Un modèle d'organisation et d'occupation de l'espace pour surveiller à la fois une trentaine de bambins déchaînés. « On devrait les envoyer en renfort des CRS pour le prochain PSG-OM (au Parc, bien sûr), tu penses. Avec elles, ça filerait droit ! »

Patience

Patience quand il veut t'aider à débarrasser le lave-vaisselle et que vous mettez deux heures au lieu de deux minutes.

Patience quand elle dit non, encore et encore, non comme un leitmotiv, une habitude, une évidence.

Patience quand il reste figé devant son assiette, menton dans les coudes, et qu'à la place de manger il veut dessiner, jouer au foot, regarder un dessin animé, aller aux toilettes, enfin à peu près tout faire sauf ce qu'il est censé faire.

Patience quand ils demandent pour la millionième fois : « On est bientôt arrivéééééééééééééés ? »

Patience quand elle pleure depuis des heures au milieu de la nuit et que tu continues de la bercer et qu'au fond de toi tu as juste envie d'hurler.

Patience quand il refuse soudain d'avancer au beau milieu de la route, avec le bonhomme qui vient de passer au rouge et les moteurs des voitures qui commencent à vrombir.

Patience quand il dessine sur ton joli mur blanc avec un marqueur indélébile.

On dit que la patience est la mère de toutes les vertus.
D'expérience, c'est aussi son père.

Peau à peau

À ne pas confondre avec le pot à pot, quand tes deux Minus ont la gastro. Non, le peau à peau, c'est cette expérience unique, merveilleuse, qui consiste à poser son bébé contre soi, nu ou en couche, pour créer avec lui les premiers liens. À la maternité, certains papas hésitent, refusent, ont peur. S'abandonner au peau à peau, c'est en quelque sorte ouvrir son âme pour y accueillir celle de son enfant. C'est frissonner, trembler, pleurer à son contact. Pas toujours facile quand on est un homme et qu'on verrouille ses émotions depuis l'enfance. Mon conseil ? Lâche-toi. Oublie les conseils pourris, les injonctions, les « t'es un homme, les vrais hommes, ça pleure pas », oublie tout cela, oui, et oublie-toi dans cet instant magique… que tu n'oublieras jamais.

Petit pot

« Une cuillère pour Papa, une cuillère pour Bébé. »

Tout le monde pense que c'est ta technique pour le faire manger, mais la vérité, c'est que tu trouves ça trop bon, les petits pots ! Pomme-mangue, carotte-potimarron, canard-patate douce, légumes façon bolognaise… c'est autre chose que les pâtes au beurre que tu as prévues pour ton propre dîner. C'est aussi autre chose, apparemment, que la purée maison que tu as mis deux heures à lui préparer et qu'il te balance à la tête pour avoir sa popote.

#MONDECRUEL

Plagio (ou plus exactement plagiocéphalie)

Non, ce n'est pas une période géologique située quelque part entre le Crétacé et le Jurassique (les deux seules que tu connais). La plagio (ou « syndrome de la tête plate ») est une déformation du crâne qui se manifeste chez le nourrisson à la naissance ou lors de ses premiers mois de vie. Elle peut être causée soit par des pressions extérieures (position du fœtus dans l'utérus, position allongée sur le dos, éventuel trouble visuel…), et on parle dans ce cas de déformation positionnelle, soit par une fermeture prématurée d'une ou de plusieurs fontanelles (déformation structurale). Il ne faut jamais hésiter à consulter un médecin en cas de suspicion de plagio, car, dans certains cas, cette dernière peut engendrer des problèmes neurologiques et nécessite une intervention chirurgicale.

PS : ne cours pas réveiller ton bébé pour inspecter son crâne, ça peut tout à fait attendre la fin de sa sieste.

Mot lié : ***fontanelle***

illustration : @Y.dessin

Plasticité cérébrale

En quelques mots, la plasticité cérébrale évoque la capacité du cerveau à moduler ses connexions en fonction de l'environnement et des expériences vécues par l'individu. En ce sens, les premières années de vie d'un enfant sont cruciales. Imagine un peu : de sa naissance à ses 5 ans, sept cents à mille nouvelles connexions[1] se créent chaque seconde dans son cerveau ! Chaque mot qu'il entend, chaque aliment qu'il touche, observe et goûte, chaque expérience, positive ou négative, qu'il vit impacte le développement de ses potentiels d'intelligence.

« La pression ! » tu vas me dire.

C'est vrai que ça peut faire peur. Comment faire pour l'accompagner au mieux ? Répondre à ses besoins sans sacrifier totalement les tiens ? Construire l'environnement qui sera le plus propice au déploiement de ses formidables capacités ? La plupart du temps, en le laissant tout simplement faire ! Un enfant n'a pas besoin d'un magasin de jouets dans sa chambre : un bâton, trois cailloux et une flaque d'eau peuvent l'occuper toute une après-midi… pour peu qu'on le laisse jouer ! Cela ne signifie pas qu'il ne faut pas poser de cadre, mais ce cadre ne doit pas étouffer sa joie de vivre et d'explorer. Pour prendre une métaphore chère à Isabelle Filliozat, quand la casserole de lait déborde, il est souvent plus judicieux de fermer le gaz que de mettre un couvercle ! Le défi étant bien sûr de trouver de quel « gaz » il s'agit, ce qui n'est pas évident quand il se roule par terre en poussant des hurlements à faire blêmir La Castafiore…

Pour tout savoir sur ces sujets passionnants, je te renvoie une nouvelle fois vers les ouvrages de Catherine Gueguen, mais également vers ceux de Céline Alvarez, et notamment son best-seller : *Les Lois naturelles de l'enfant*. Un *must* !

---

1. Céline Alvarez, *Les Lois naturelles de l'enfant*, Les Arènes Éditions, 2016.

Potelé

Pieds, mains, jambes, fesses, dos, cous, oreilles
(oui, même les oreilles !), tu manges tout !
Cette peau dense et tendre, douce et ferme,
ces sillons qui sentent le calendula et la vanille,
on y fourre son nez et ses lèvres et on
respire, on embrasse, on chatouille.

**Pour un parent, rien au monde,
ni le parfum le plus élaboré ni l'étoffe la plus soyeuse,
ne vaut la peau de son bébé.**

C'est une composition qui rend fou.
D'amour, de bêtise, de bonheur. En privé ou en public,
on ne peut s'en empêcher : la vue d'un mollet potelé met l'eau
à la bouche. Alors, on ouvre en grand la mâchoire, on fait des bruits
bizarres et on croque ! Goût de peau, d'amour,
de rires qui résonnent et qui enivrent.

Oui, le jeune parent EST un cannibale.

illustration : @Y.dessin

Pourquoi ?

« Pourquoi il y a des étoiles ? »
« Pourquoi les gens, ils meurent ? »
« Pourquoi demain, c'est pas aujourd'hui ? »
« Pourquoi l'eau, ça mouille ? »
« Pourquoi il y a quelque chose et pas rien ? »
« Pourquoi les chats, ça parle pas ? »
« Pourquoi je suis né(e) ? »
« Pourquoi vous êtes mes parents ? »
« Pourquoi les choses, elles tombent par terre ? »
« Pourquoi on dort ? »
« Pourquoi tu réponds pas ? »

Si tu n'étais pas bon en philo, ne t'inquiète pas, avec ton enfant, tu auras tout le temps de te rattraper ! (Et ça vient plus tôt qu'on ne le pense… !)

Poussette

Souvent le premier grand achat. Celui qui te fait prendre conscience que ça y est, c'est imminent, tu vas être papa (et que ça va te coûter cher !). Tu ne veux pas te tromper ni te faire avoir, alors tu écumes les sites de bons plans, la presse parentale en quête de guides comparatifs, tu débats avec tes potes pour savoir si la 3 en 1 de Kinderkraft est plus maniable que la Yoyo, si la Hauck Runner est vraiment tout-terrain, et si les Chicco passent en bagage cabine.

Avant, vous discutiez bagnoles, foot et nanas en *afterwork*. Aujourd'hui, vous papotez nacelles, chancelières et pliage parapluie autour d'un goûter le dimanche. Avec gueule de bois car Bébé a pleuré toute la nuit.

Elle est le symbole de ta nouvelle vie. Visage levé vers le soleil, mains posées sur le guidon, tu kiffes la vie en poussant Bébé qui gazouille. On te regarde, on t'admire, on t'applaudit (cf. *dad blessing*). Tu la kiffes un peu moins quand tu décides de prendre le métro et que tu réalises qu'il n'y a ni ascenseur ni escalator, et que tu vas devoir porter le bazar à bout de bras dans l'escalier qui mène au quai. Trente-trois marches comme autant de vertèbres en miettes à l'arrivée. Être papa (et maman !), c'est prendre un abonnement annuel chez l'ostéo.

R

Rentrée scolaire

Première rentrée. Les larmes, les cris, le chaos, le flot d'enfants (des minuscules enfants, certains n'ont pas 3 ans) agrippés aux jambes et aux cous de leurs parents, et toi qui répètes : « Ça va aller… ne t'inquiète pas… c'est chouette l'école… », mais tout ce qu'il entend, ce sont les hurlements de ses congénères massés dans le couloir. Tu l'as laissé(e) convulsionnant dans les bras de la maîtresse (à qui tu as décidé de vouer une admiration éternelle), et jamais tu n'oublieras son visage, ses bras tendus vers toi, ses « Papa, Papa » braillés comme si tu l'abandonnais dans le Mordor et, plus tard, bien plus tard, quand il jouera les kékés et te demandera de te garer « très loin » de l'entrée du collège, tu te feras un malin plaisir de lui rappeler cette époque où il te suppliait de ne pas l'abandonner – omettant simplement le fait que, de vous deux, ce n'est pas lui qui pleurait le plus lors de cette première rentrée.

illustration : @Y.dessin

Routine

Ce que tu essaies de mettre en place, matin et soir, tel un grand barrage pour cadrer les tempêtes du quotidien.

18 h 30 : dîner.

19 h : bain.

19 h 30 : brossage de dents.

19 h 30-20 h : activité au calme.

20 h : lecture du soir et dodo.

C'est même écrit sur un grand tableau dans le salon, avec pictos et tout.

Alors, bien sûr, il arrive que ça déborde. Que ton barrage d'organisation et de bonnes intentions vole en éclats, pulvérisé par une vague de larmes ou de cris, et qu'à 20 heures, personne ne soit au lit, ni même lavé ni même nourri. Il y a des soirs, comme ça. Des matins, aussi, où la vie s'éparpille, où le précipice te semble si proche que tu as le vertige. C'est le principe, quand on est parents : on ne maîtrise pas tout. Mais finalement, ne serait-ce pas une autre forme de routine ? Celle de l'imprévu qui surgit à chaque coin de rue (ou de meuble, qu'ils se prennent dans le front) ?

S

Sac à langer

Version moldu du sac de Mary Poppins.

À l'intérieur :

- 18 couches de tailles différentes au cas où il grandirait pendant la balade ;
- 3 paquets de lingettes multi-usages ;
- 3 tonnes de lingettes multi-usagées ;
- des tétines de secours ;
- un doudou de secours ;
- des bodies de secours ;
- un appel au secours (celui que tu as poussé il y a trois semaines et qui est resté coincé dans le sac) ;
- des provisions de compotes à tous les goûts car, comme d'habitude, il voudra la seule que tu n'as pas prise (mais comme tu les as TOUTES prises, enfin tu m'as compris) ;
- une bouteille de Doliprane périmée (oui, ça se périme) ;
- une purée « Jardinière de légumes » qui s'est renversée dans le fond du sac ;
- un livre de T'choupi qui baigne dans la purée au fond du sac.

La légende raconte qu'une fois, au bord de l'épuisement, une mère a sauté dans son sac et qu'elle en est ressortie deux heures plus tard, le teint frais et bronzé comme si elle avait passé trois semaines au soleil sans ses enfants. Mon conseil ? Nettoie ton sac avant de faire pareil.

Seconde main

Quand on sait que Bébé change de taille
et de centre d'intérêt tous les six mois,
une bonne manière de ne pas se ruiner tout en préservant la planète !
Sur l'application Beebs, par exemple, tu trouveras à peu près
tout ce que tu veux, de ce château Playmobil tant espéré
par ta fille à un lot de couches tant espéré par ta nounou,
obligée de piocher depuis une semaine dans le stock des copains.
Pour les vêtements, tu peux aussi essayer Smala
qui regorge de bons plans.

Sexe

Six semaines d'abstinence, minimum.

Avant la naissance, tu te demandais comment tu allais faire.
Tes potes papas t'avaient prévenu, pourtant :

« Ce sera bien la dernière chose à laquelle tu penseras ! »

Mais tu ne les croyais pas, car comment la première chose
occupant quotidiennement tes pensées pouvait-elle devenir la dernière ?
La seconde ou la troisième, à la limite, mais la dernière ?
Et puis Bébé est né. Et tu as compris ce qu'ils voulaient dire.
Dernière, oui. Quand on ne dort pas, qu'on passe son temps
à changer des couches qui puent, qu'on se fait régulièrement
vomir dessus, la dernière chose à laquelle on pense,
c'est effectivement de caramboler avec passion
dans un lit de pétales de roses.

MISSIONNAIRE : IMPOSSIBLE !

illustration : @Y.dessin

Sieste

Et soudain, c'est le calme, le silence, la paix. L'œil du cyclone. Après une lutte acharnée (il est sorti quatre fois de son lit, se frottant les yeux tout en arguant qu'il n'était pas fatigué), tu as ENFIN réussi à l'endormir.

« Papa, encore trois histoires !
– Une. On en a déjà lu quatre.
– Non, trois.
– Deux.
– Trois.
– D'accord, trois. »

Tu as beau avoir un master en commerce international, ton enfant est meilleur négociateur que toi. Et puis, dans le fond, tu t'en moques de lui lire les deux volumes de *Guerre et Paix*. Tout ce que tu veux, c'est qu'il s'endorme. À tout prix. Pour avoir la paix, toi aussi.

Cette sieste, c'est comme une petite faille dans l'espace-temps. Un bond en arrière, quand tu étais encore un jeune adulte insouciant et que tu n'avais aucune contrainte durant tes week-ends. Pendant une heure, deux heures, peut-être trois pour les plus chanceux, tu peux faire des choses POUR TOI. Par exemple, fixer dans le salon l'étagère achetée l'hiver dernier. Nettoyer les joints de la salle de bains. Ou bien encore prendre rendez-vous chez le pédiatre, batchcooker tes repas de la semaine ou encore payer tes impôts. Et tu finis par regarder ta montre : « Ça fait un moment, ce serait peut-être bien de le réveiller, non ? »

Signes

Une méthode géniale pour communiquer avec son bébé avant qu'il n'apprenne à parler. En moyenne, les premiers mots apparaissent entre le douzième et seizième mois, alors qu'un bébé peut commencer à signer bien plus tôt, dès l'âge de 9 mois. En lui apprenant à s'exprimer *via* la langue des signes (« J'ai faim », « J'ai peur », « J'en veux encore », etc.), on l'aide à mieux se faire comprendre, réduisant ainsi les risques de malentendus, de frustration et de grosses colères ! Si cette méthode t'intéresse, je te recommande les livres et la page Instagram de Marie Cao (*aka* LittleBunBao), LA spécialiste qui peut t'aider à franchir le pas.

illustration : @Y.dessin

Silence

Des heures que tu l'attends, que tu l'espères, que tu l'appelles.
Toute la journée, tu as subi les « libérééééééééééeee,
délivréééééééeeeeeeee » de ton aînée,
le fracas des Kapla tintinnabulant sur le parquet de son talon,
les cris de Minus qui a les dents qui poussent.
Tes oreilles, ta cervelle, tout ton corps est rempli
à ras bord de bruits, comme si tu avais stocké
des réserves par peur de manquer.

Des heures que tu l'attends, donc.

Et soudain le voici. Dense, total, inattendu. Le SILENCE.

Tu regardes autour de toi : c'est comme si un ouragan
avait traversé ta maison, laissant derrière lui son cahot de jouets,
de peluches et de biscuits, et que tout cela stagnait
dans une étrange ambiance post-apocalypse.
Vous vous regardez avec ta chérie. Dans vos yeux,
la même idée : « C'est trop calme. » Vous pourriez être soulagés,
vous détendre dans ce bain de silence et de paix,
mais c'est tout le contraire : vous êtes FLIPPÉS.
Ce n'est PAS NORMAL. Quelque chose CLOCHE.

99 % des silences impromptus peuvent s'expliquer
par l'une des trois causes suivantes :

- **ils se sont endormis ;**
- **ils ont trouvé un jeu calme (lol) ;**
- **ils vous font une blague.**

Pour le 1 % restant, cf. l'article sur les urgences.

illustration : @Y.dessin

Soirées

Ah ça, tu en as fait des « soirées » ! *Before*, *after*, boîtes, restos, concerts... tu as écumé toutes les possibilités d'enjaillements offertes par ta radieuse jeunesse. Prenant de l'âge, tu as réduit la voilure, préférant parfois (souvent ?) au charivari du *dancefloor* et des concours de shots, l'ascétisme douillet du combo sushis-plaid-Netflix. Et puis tu es devenu papa, maman, et **tes soirées sont entrées dans une nouvelle ère. L'ère des lentilles qui volent,** des bains qui transforment la salle de bains en piscine, des histoires à lire dans le lit, un long tunnel qui étire ses lumières en forme de licornes jusqu'au seuil de ta patience, avant le silence, soudain, un étrange silence tel l'œil à demi-ouvert du cyclone, disposé à s'exorbiter au moindre bruissement.

Une bonne soirée, quand tu avais 20 ans, se déterminait par l'heure à laquelle tu te couchais. Aujourd'hui, c'est par l'heure à laquelle tu te couches.

Sourire

Ça n'efface pas tout, bien sûr... mais tout de même. Au milieu de la nuit, hébété de fatigue, tu donnes le biberon, à moitié somnolent, rêvant de ton lit que tu as quitté pour la troisième fois. La fatigue t'écrase, tu penses à la journée qui t'attend dans quelques heures, ce RER dans lequel tu vas devoir te glisser, le monde, le bruit, la grève, et puis les réunions jusqu'à 18 heures, la course pour récupérer Minus à la crèche, le nourrir, lui donner le bain, tu penses à tout cela en te demandant comment tu vas faire, et puis soudain, dans un doux rayon de lune, il tourne ses yeux vers toi et te sourit. Un sourire d'amour, repu de lait et d'attention, un sourire qui dit : « Je suis bien, là, Papa, avec toi », et toi aussi tu es bien, ancré dans l'instant, tu es mort de fatigue, oui, mais tu ne t'es jamais senti aussi... vivant.

T

T'choupi

T'choupi, c'est quoi exactement ? Un koala ? Un ours ? Une taupe ? Combien de débats enflammés avec tes potes autour de cette question ! Comme lorsque vous discutez du réchauffement climatique, de la Coupe du monde au Qatar ou encore de la meilleure poussette pour bourlinguer avec Bébé, chacun a un avis bien tranché ! L'animal qui revient le plus souvent est le pingouin. Si l'aspect général de T'choupi pourrait à peu près matcher (et encore, un pingouin, c'est plus noir et blanc que gris et blanc), *quid* de son inconfort à la plage, quand son père lui propose de sauter dans les vagues avec lui ? Quel pingouin n'aime pas sauter dans les vagues, je vous le demande ? Et *quid* de son niveau médiocre en natation (je rappelle que, quand il va à la piscine, il doit porter des brassards), qui ne colle pas vraiment avec l'aisance aquatique bien connue de ces oiseaux ? Alors, qu'est-ce ? Une espèce de singe inconnue, avec son pouce préhensile propre aux humains et aux chimpanzés ? Un blaireau, parce qu'il faut quand même être un blaireau si c'est un pingouin (tu me suis ?) et qu'il a peur de l'eau ? Le regretté Thierry Courtin a emporté le secret avec lui. Une seule chose est sûre : T'choupi, c'est l'ami préféré des enfants – et des parents qui ne veulent pas lire une histoire trop longue le soir !

Table à langer

Tu es là, avec ton bébé dans les bras, devant la porte qui s'ouvre et qui se ferme, le bruit des talons, le bruissement des jupes. Tu hésites car tu as peur qu'on te regarde bizarrement, un homme dans les toilettes des femmes, tu n'as pas envie d'un scandale ! Et en même temps, il faut bien changer Minus qui vient de faire un caca de l'espace… Finalement, tu rebrousses chemin et tu finis par le changer sur la plage arrière de ta voiture, engageant avec lui une discussion fort intéressante sur l'expérience que tu viens de vivre :

« C'est bizarre qu'il n'y ait pas de table à langer dans les toilettes des hommes, non ?

– Babababa.

– Exactement ! Ce n'est pas envoyer de très bons signaux aux pères et à la société. Comme si ce n'était pas le rôle des hommes de changer leur bébé, tu vois ?

– Babapapamama.

– Mais oui, bien sûr ! Les tables à langer devraient être dans un endroit séparé, accueillant pour tout le monde, les mamans comme les papas !

– Gaga areu.

– C'est un véritable enjeu d'égalité hommes-femmes, tu as parfaitement raison, au même titre que le congé paternité.

– Gnagna caca brrrrr.

– Oui, oui, je me dépêche, je sais bien que tu détestes avoir les fesses sales. Tu sais quoi, on ira le dire au propriétaire du restaurant.

– Babeudibeuda.

– Quoi, lui balancer ta couche sale à la tête ? Ah non, ça, je ne le ferai même pas à mon pire ennemi ! »

Temps

Objet étrange, insaisissable, dont on ne peut mesurer que les effets. Effets du temps qui passe, à toute vitesse, quand on a des enfants. Il ne va pas plus vite, bien sûr, les minutes et les heures ont toujours la même rythmique, mais c'est *la sensation*, la stupéfaction de réaliser que son enfant fête soudain ses 2, 3, 8 ans. « Déjà ? » Oui, déjà. On t'avait prévenu pourtant. On t'avait dit et répété : « Tu verras, tu ne verras pas le temps passer. » C'est vrai et c'est dingue. Pris dans le quotidien, tu ne réalises pas, jusqu'au jour où tu réalises et tombes sur les fesses. Tu aimerais bien le ralentir parfois, voire l'arrêter, juste un instant, arrêter son cours comme on mettrait un barrage pour faire un lac, et te baigner dans ce lac de temps avec tes enfants qui resteraient enfants, embrasser leurs cheveux blonds, chatouiller leur peau si douce, et toi aussi rester encore un peu jeune. Mais on n'a pas encore inventé le barrage de temps, alors tu n'as pas tellement le choix, tu te laisses glisser dans son flux, et tu mets des petits coups de crayon sur la toise, pour ne pas trop te laisser surprendre le jour où ta fille mettra une tête à sa grand-mère qui, la veille, la portait encore comme un bébé dans ses bras – *spoil* : on est TOUJOURS surpris.

illustration : @Y.dessin

Terrible two

Tu es tombé sur l'expression un soir de chaos, de larmes, de « Non ! » hurlés en courant d'un bout à l'autre du salon. Après avoir, bon an mal an, réussi à le coucher, tu t'es laissé tomber dans ton canapé et tu as demandé à ton ami Google ce qui arrivait à ton adorable tête blonde. Le mot tombe : *terrible two*. Tu lis : « Période durant laquelle l'enfant assimile qu'il est une personne à part entière. Ce passage marque le début de son affirmation et de sa propre identité. » Tu comprends que tous les enfants passent par là, que c'est une phase normale de leur développement et qu'en tant que figure principale d'attachement, tu dois accompagner les tiens avec bienveillance dans cette étape. Plus facile à dire qu'à faire quand il se roule par terre au milieu du magasin de jouets, qu'il te jette sa purée à la tête ou encore qu'il est 22 h 30 et qu'il refuse toujours d'aller au lit ! Notre conseil ? L'aider à reconnaître et à accueillir ses émotions grâce à des supports visuels (pancartes, poupées, etc.). Conserve-les bien précieusement, ils te seront peut-être utiles au moment de l'adolescence. Ou pas.

Mots liés : ***cortex préfrontal, éducation bienveillante***

illustration : @Y.dessin

Tétine

Comme les couches, objet que tu trouves partout, tout le temps, sauf quand tu en as besoin.

Dans ta sacoche d'ordinateur, en pleine négociation avec un client.

Dans la boîte à gants, cherchant les papiers de la voiture. Pas sûr que ça attendrisse les policiers qui t'attendaient au tournant avec leur radar.

Dans tes chaussures de foot à quelques minutes de la grande finale. Tu te dis qu'elle te portera chance, et finalement vous perdez 5-0.

La tétine te rappelle que tu es peut-être un commercial d'enfer, un pilote incompris ou un génie du dribble, mais AVANT TOUT un papa. Et quand tu ne la trouves pas, alors que vous êtes en balade à des kilomètres de la pharmacie la plus proche, ce sont les cris de Bébé qui se chargent de te le rappeler.

illustration : @Y.dessin

Toilettes

L'Excuse. Je mets un E majuscule car elle règne sans partage sur le monde des excuses des parents. Tu sais, quand ça hurle, ça court, ça saute, quand vraiment tu n'en peux plus, et que tu lâches, ayant vraiment envie ou pas : « Je vais aux toilettes. »

Les toilettes, pour les parents, c'est le lieu saint.

L'ultime refuge, téléphone portable ou magazine entre les mains, porte fermée à clé, poignée qui grince, soudain, mais non, VOUS NE PASSEREZ PAS. Bon, souvent, ils arrivent à passer car ils sont malins et insistants (pour ne pas dire lourds, si, disons-le, ils sont lourds), mais entre leurs diverses effractions, ce sont tout de même quelques minutes de paix, chapardées à la folie quotidienne de la vie.

Peut-être, d'ailleurs, es-tu en train de lire ce livre aux toilettes ? On ne s'en offusque pas. Son format a été pensé pour. Et peut-être aussi que, dans quinze secondes, tu devras le poser car les gnomes auront réussi à entrer et qu'ils seront là, quémandeurs, avec tous leurs petits yeux et toutes leurs petites mains : « Maman tu fais quoi ? Tu fais caca ? » « Papa tu viens, tu as fini ? » Ce n'est que partie remise. Il y aura d'autres occasions de tranquillité, car les toilettes ont l'avantage de la permanence. Quand ta vie « part en couilles » (pour rester dans le thème), qu'une tornade essaie de tout emporter, il reste ce réduit de deux mètres carrés, inamovible, chaleureux… salvateur.

Transmission

Entre générations, transmission de valeurs, de connaissances, de passions. Avant que ton bébé naisse, tu es plein de bonnes intentions : « C'est lui qui choisira ses centres d'intérêt, je ne l'influencerai en aucun cas sur les activités qu'il souhaitera pratiquer. » Six ans plus tard, il est assis sur tes genoux devant Canal+, un maillot du PSG sur les épaules. Les bonnes intentions ont leur limite – contrairement à Kilian Mbappé, qui, en 2026, vient d'offrir à Paris sa troisième Ligue des champions (ou pas).

La transmission, c'est aussi ce moment rituel,
à la crèche, où les auxiliaires te font le débrief de la journée. « Alors,
Swann a dormi ce matin de 10 h 14 à 11 h 03.
Au repas, il a mangé des haricots verts, du colin d'Alaska,
de la purée de patates douces et, en dessert,
un yaourt à la vanille et trois quartiers de pomme.
Après le déjeuner, il a joué un peu dehors,
puis il a fait une sieste de 14 h 12 à 15 h 53.
Ensuite, on a fait une activité coloriage,
il s'est beaucoup amusé !
Pour le goûter, il a eu un yaourt nature,
de la compote à la fraise, et une part de cake.
En conclusion, une belle journée pour Monsieur Swann ! »
Débrief qui se résumera à : « Il a bien dormi et mangé »
quand tu le feras à ta femme.

Trois (enfants) et plus

Respect. Juste, respect.

U

Urgences

Non, pas la série avec George Clooney que tu regardais quand tu étais « jeune » et que tu avais encore la capacité physique d'enchaîner deux épisodes de suite sans t'endormir. Je parle de celles à côté de chez toi, où tu vas tellement souvent qu'ils t'ont donné une carte de fidélité.

Les urgences, tu sais à quelle heure tu y entres, mais jamais à quelle heure tu en sors. Avec le premier enfant, tu n'hésites jamais. 38,5 de température et une toux un peu suspecte peuvent suffire à faire chauffer le moteur. Pour les suivants, il y a débat. Tu n'as plus tellement envie de patienter six heures sur une chaise en métal sous un ciel de néons blafards pour te voir prescrire du Doliprane et du sérum physiologique.

« Bon on y va ou pas ? »

– Je crois que son coude est à l'envers, ça vaut peut-être le coup.

– Ou sinon on met un pansement ? »

Plus sérieusement, et parce que c'est un sujet important, appeler le 15 est un bon moyen de prendre conseil avant de se déplacer aux urgences (si Bébé a moins de 3 mois et qu'il n'est pas bien, on fonce sans trop hésiter). Je te conseille aussi le livre de To be or not toubib : *Urgences or not urgences. Manuel de survie en milieu pédiatrique*[1]. Une mine d'infos essentielles et très bien faite.

1. First, 2021.

V

Vacances

Depuis que tu es parent, tu écris « vacances ».
Dans tes mails, tes cartes postales, même à l'oral avec tes deux doigts qui imitent des guillemets. Avant, quand tu n'étais pas parent, tu avais des vacances. Maintenant, tu as des « vacances ».

Ça commence avant même le départ, avec la préparation des valises. Couches, tétines, biberons, doudous, bodies, cahiers d'activités… la liste est longue, tu as même fait un fichier Excel pour ne rien oublier. Dans le peu de place qu'il te reste, tu te contentes de l'essentiel : brosse à dents, dentifrice, quelques caleçons et un ou deux tee-shirts. J'exagère, mais à peine.

Ensuite, c'est le trajet. Avant, tu profitais de tes trois heures de train pour roupiller ou te mater une série. Aujourd'hui, tu te balades dans les wagons, tu fais la lecture (*T'choupi* et *Petit Ours brun*, pas le dernier Goncourt), tu déplies sur les tablettes de ton carré famille un arsenal de jouets et d'activités visant à maintenir Minus occupé (même si, pour lui, le plus intéressant ce sont les grilles de la climatisation qui crachent un air gelé et les marches bringuebalantes de l'escalier dans lesquelles il manque mille fois de se rompre le cou).
Parfois, tu arrives miraculeusement à l'endormir, mais quelqu'un s'arrange toujours pour le réveiller.
« Promo exceptionnelle sur les sandwichs emmental-thon au wagon bar ! » retentit la voix du chef de bord dans le haut-parleur, faisant s'ouvrir deux grands yeux et s'évanouir tes rêves de tranquillité.

Des rêves de tranquillité, tu en nourris beaucoup pendant tes vacances.

Au bord de la piscine, quand tu dois décliner les avances de la chaise longue pour faire sauter ta fille dans l'eau environ un million de fois. Dans ton lit, le matin, réveillé à 6 h 30 par un cri, un rire, des petites mains qui te secouent les joues. À la plage, quand ta mission principale consiste à empêcher ton fils de se nourrir de sable.

Mon conseil pour surmonter ces vacances et arriver en pleine forme à la rentrée ?

Profite, un jour tu t'ennuieras.

illustration : @Y.dessin

Vie

La vie qui bascule, qui chamboule, qui change, soudain.
Virage à 90 degrés, et toi qui t'accroches au volant
pour éviter une embardée. Il y aura des embardées, des vols planés,
des poissons qui volent aussi et puis des poissons panés
tout en morceaux éparpillés et toi à genoux qui ramasseras
avec l'écho de rires qui font gonfler le cœur. C'est une vie épuisante
mais riche. Riche d'enseignements, de sens, d'instants fabuleux
qui font penser : « OK, je sais pourquoi je suis là. »
Tu es là pour éduquer, transmettre, aimer.
Vie de tempêtes et de responsabilités, vie de jeux dans le salon
et au parc, d'imagination et de couches, vie qui est venue au monde
tandis que toi aussi, en quelque sorte, tu venais au monde,
tu t'arrachais au monde de l'enfance pour accueillir ton enfant et,
grâce à lui, tu vas redevenir un enfant toi aussi,
c'est complexe tout cela, mais qui a dit que devenir parent était simple ?
Avec ta chérie, vous avez donné la vie, et vous vous êtes donné
à vous-même une nouvelle vie. Parfois, vous la maudirez,
vous regarderez dans le rétro vos jeunes années
où vous pouviez convoler en amoureux sans rendre de compte
à personne, et puis faire la grasse mat' sans fixer anxieusement l'écran
du baby-phone (« Est-ce qu'il bouge ? Il est vivant ? »),
et puis regarder un épisode de série sans être interrompus,
et peut-être même que l'espace d'un week-end ou d'une soirée
vous parviendrez à vous échapper en quête de cette défunte liberté,
mais à peine laissés seuls vos pensées iront vers eux (« C'est tellement
simple de prendre le métro sans la poussette ! », « Tu te rends compte,
on n'a même pas besoin de chaise haute pour le resto ! »,
« Tu crois qu'ils font quoi là ? »), car c'est cela, je crois, être parents :
vouloir s'enfuir au bout du monde quand on est avec ses enfants,
et retourner auprès d'eux sitôt qu'on en est séparés.

Lexique du jeune papa

A

B

C

D

E

F

G

H

I

J

L

M

N

O

P

R

S

T

U

V

Des mêmes auteurs

Alexandre Marcel

Le temps bleu, Albin Michel, 2023.
Je ne m'attendais pas à ça !, Larousse, 2021.

Yannick Vicente

Le guide des parents pas parfaits (mais qui essayent de l'être quand même), Leduc, 2022.
Je suis papa ; 28 jours pour trouver ses marques, Leduc, 2021
Le guide du papa pas parfait ; (mais qui essaie quand même de l'être), Leduc, 2020.

L'hippopotame qui avait un gros popotin, Yo ! Editions, 2022.
Le castor qui rêvait d'avoir un ami, Yo ! Editions, 2021.
Le lion qui avait perdu sa queue, Yo ! Editions, 2020.

Imprimé en Espagne par Macrolibros SL
Dépôt légal : octobre 2023
331860/01 – 11051139 – aout 2023

PAPIER CERTIFIÉ

LAROUSSE s'engage pour l'environnement en réduisant l'empreinte carbone de ses livres.
Celle de cet exemplaire est de :
950 g éq. CO_2
Rendez-vous sur
www.larousse-durable.fr